Meister Eckhart

Philosophisch leben

MEISTER ECKHART

Philosophisch leben

Herausgegeben von
Thomas Polednitschek

FREIBURG · BASEL · WIEN

Für meine Frau Marlies †

INHALT

MEISTER ECKHART FÜR UNS
Texte von Thomas Polednitschek

Meister Eckhart in eigenen Worten
Texte von Meister Eckhart

Vorwort

Wir stehen am Anfang des 21. Jahrhunderts in Europa nicht am Sterbebett des Christentums. Vielmehr hat das Christentum seine Zukunft noch vor sich. Genauer: Das erwachsen gewordene Christentum ist es, das der Zukunft der christlichen Religion eine Zukunft gibt. „Darum müssen auch die Christen ihre Pubertät überwinden und reif und weise werden."[1] Meister Eckhart tritt in seinen „Deutschen Predigten und Traktaten" für ein erwachsen gewordenes Christentum ein. Das macht die Lektüre dieses hochmittelalterlichen Denkers noch 750 Jahre nach seiner Geburt brisant und aktuell. Am Beginn des dritten Millenniums erinnert der Meisterdenker Eckhart in seinen „Deutschen Predigten und Traktaten" die Christenheit des kulturellen Westens daran, dass die biblisch-christliche Religion ihre eigene Wahrheit verfehlt, wenn und wo sie im Kindheits- und Jugendstadium stecken bleibt. Denn ihre Wahrheit ist keinesfalls, wie Sigmund Freud im 20. Jahrhundert unterstellte, dass sie nichts anderes als die vorgestellte Wunscherfüllung von Kind gebliebenen Erwachsenen ist. Für Eckhart ist sie ihrem Wesen nach vielmehr eine Erwachsenenreligion. Das Kennzeichen eines erwachsen gewordenen Christentums ist für ihn die Nachfolge,

---

1 J. Moltmann in: Theology Today 51, 1994, S. 89.

die „zur Vernunft gekommen" ist. In seiner Predigt 86 verkörpert die Figur der Maria das Christentum, das noch in den „Kinderschuhen" steckt, Martha aber ein Christentum, das „reif und weise" geworden ist. Denn Martha verkörpert für ihn die Nachfolge, die in keinem Gegensatz zu einer philosophischen Lebensführung steht. Ein „philosophisches Leben" lebt für Eckhart der Mensch, dessen Vernunft die Quelle der eigenen Freiheit ist. Eckhart steht zwischen Platon und Kant. Mit Platon setzt er auf die Vernunft, die die menschliche Seele in Bewegung setzt. Mit Kant teilt er das Interesse an einer Freiheit, die ein vernunftgeleitetes Leben möglich macht. Kurz: Er plädiert in seinen „Deutschen Predigten und Traktaten" für ein Christentum, das Christen nicht zu „Legasthenikern der Freiheit" (Metz) macht, sondern sie – wie die Aufklärung und Moderne – auf Vernunft und Freiheit verpflichtet. Im Zentrum der „Deutschen Predigten und Traktate" steht der „neue Mensch", dessen schöpferische Kraft der Vernunft ein Abbild des göttlichen Logos ist.

Die hinführenden Kapitel dieses Buches („Meister Eckhart für uns") reflektieren die ausgewählten Originaltexte Meister Eckharts („Meister Eckhart in eigenen Worten"). Wegen dieser Zuordnung haben beide Teile des Buches die gleiche Gliederung.

Hinweis zu den Texten von Meister Eckhart

Meister Eckhart wird zitiert nach der Ausgabe im Deutschen Klassiker Verlag im Taschenbuch.

Band 24: Deutsche Werke I (DW I)
Predigten (Pr.)
Texte und Übersetzungen von Josef Quint, herausgegeben und kommentiert von Niklaus Largier.
Frankfurt am Main 2008
(Dieser Band entspricht Band 20, hg. von Niklaus Largier, der „Bibliothek des Mittelalters in 24 Bänden", Frankfurt am Main 1993)
© W. Kohlhammer Verlag GmbH, Stuttgart

Band 25: Deutsche Werke II (DW II)
Predigten (Pr.) und Traktate (Tr.)
Texte und Übersetzungen von Ernst Benz, Karl Christ, Bruno Decker, Heribert Fischer, Bernhard Geyer, Josef Koch, Josef Quint, Konrad Weiß und Albert Zimmermann, herausgegeben und kommentiert von Niklaus Largier.
Frankfurt am Main 2008
(Dieser Band entspricht Band 21, hg. von Niklaus Largier, der „Bibliothek des Mittelalters in 24 Bänden", Frankfurt am Main 1993)
© W. Kohlhammer Verlag GmbH, Stuttgart

Herausgeber und Verlag danken dem W. Kohlhammer Verlag in Stuttgart für die freundliche Genehmigung zur Wiedergabe der Texte Meister Eckharts in dieser Fassung.

Meister Eckhart
für uns

1. Absichtslos leben

In den „Lehrgedichten" des chinesischen Dichters und
Denkers Tschuang-tse ist von dem Gelben Kaiser die
Rede. Er verliert auf dem Weg nach Hause seine nacht-
farbene Perle. Darauf schickt er die Wissenschaft, die
Kritik und die Logik aus. Doch sie finden die verlorene
Perle nicht. Schließlich findet das Nichts „die nachtfarbene Perle". Darauf sagt der Gelbe Kaiser: „Seltsam fürwahr: Das Nichts, welches nicht ausgeschickt war und
nichts unternahm, um zu finden, hatte die nachtfarbene
Perle."[1] Ebendies gilt auch für Meister Eckhart. Auch
für ihn findet das Nichts die verlorene Perle. Denn das
Leben, das auf nichts hinaus will, ist für Eckhart das
sinnvolle Leben. Den Sinn des Lebens erfasst, wer ab-
sichtslos lebt. Das Leben ohne irgendein Warum – Meister Eckhart sagt, das Leben, das „kein warumbe"
kennt – ist das sinnvolle Leben. Davon ist bei ihm in
der Predigt 6 die Rede: „Warum lebst du? – Um des Lebens willen, und du weißt dennoch nicht, warum du
lebst. So begehrenswert ist das Leben in sich selbst,
dass man es um seiner selbst willen begehrt" (DW I
Pr. 6, S. 81).
An Kindern kann man ablesen: Die Lebendigkeit
lebendiger Menschen kennzeichnet ein Leben, das um
seiner selbst willen gelebt wird. Sie ist das Kennzeichen
von Menschen, die das Leben lieben. Und genau das ist

---

1 Th. Merton: Sinfonie für einen Seevogel. Weisheitstexte des Tschuang-tse; Düsseldorf 1973, S. 51.

es, was Meister Eckhart antreibt: Er ist an einer Vernunft interessiert, die die Lebendigkeit des lebendigen Menschen und seine Liebe zum Leben fördert. Schon dieser Antrieb macht ihn zu einem „Philosophischen Praktiker", denn die philosophische Beratung ist immer auch an der Verlebendigung ihrer Besucher interessiert. Für eine Vernunft, die Menschen wach und lebendig macht, spricht er sich schon in seinen „Reden der Unterweisung" aus. Denn hier wendet er sich dagegen, dass die „Vernunft je müßig werde und einschlafe" (DW II Tr. 2, S. 357). Diese Vernunft ist so etwas wie das unsichtbare Zentrum seiner „Deutschen Predigten und Traktate".

Ist aber diese Vernunft, für die Eckhart steht, auch 2009 das „Seelen-Werkzeug" (Stüttgen), das den müde und unlebendig gewordenen Menschen Europas wach und lebendig macht? Wie auch immer die Antwort auf diese Frage ausfallen mag: Auf jeden Fall ist es auch 750 Jahre nach seiner Geburt ein Gewinn, Meister Eckhart zu lesen, denn bei ihm können wir etwas wieder neu entdecken, was seit der Aufklärung und Moderne verloren gegangen ist – die Philosophie als Lebensform. Meister Eckhart lädt uns Heutige dazu ein, ein philosophisches Leben zu führen. Die philosophische Lebensführung ist es, die uns zu selbstbewussten und freien Menschen macht.

Schon für Platon gilt: Was es mit der Philosophie als Lebensform auf sich hat, kann man „nur darstellen, indem man diese Lebensform darstellt" (Picht). Diese Lebensform darstellen heißt indes, von ihr erzählen.

Und wie erzählt Meister Eckhart von dieser Lebensform? Indem er in seinen „Deutschen Predigten und Traktaten" vom Christentum als einer Lebensform erzählt. Denn für Eckhart gibt es keinen Widerspruch zwischen der Philosophie und dem Christentum als Lebensform. Darum gilt auch umgekehrt: Indem Meister Eckhart von der philosophischen Lebensführung spricht, spricht er immer auch von der Lebensform Christentum. Bekanntes Beispiel ist in Predigt 86 die Figur der Martha. Sie verkörpert eine philosophische Lebensführung, die nicht im Widerspruch zum Christentum als Lebensform steht.

2. Mystagoge und Philosophischer Praktiker

Eckhart wurde um 1260 geboren, vermutlich in Tambach, südlich von Gotha. „Seine Familie entstammte dem Ritterstande"[2]. In recht jungen Jahren tritt er in Erfurt in den Dominikanerorden ein, den Orden der Predigerbrüder. Um 1280 dürfte er in Köln Theologie studiert haben und seinem Lehrer Albertus Magnus begegnet sein. Das erste gesicherte Datum aus Eckharts Leben ist der 18. April 1294. Er wird als „frater eckhardus" an der theologischen Fakultät von Paris erwähnt.

---

2 N. Winkler: Meister Eckhart zur Einführung, Hamburg 1997, S. 29.

Um die Jahre 1293 und 1294 ist er hier Dozent für Theologie. 1294 kehrt er nach Erfurt zurück und wird Prior des dortigen Dominikanerklosters und Vikar der thüringischen Ordensprovinz. In dieser Zeit entstehen „die Reden der Unterweisung". 1302 ist er als Magister, als Theologieprofessor, in Paris tätig. Gegen 1305 entsteht das lateinische „Opus tripartitum", das dreiteilige Thesenwerk. Von 1303 bis 1310 ist er der erste Ordensprovinzial der neu gegründeten Ordensprovinz Saxonia. Von 1311 bis 1313 ist er zum zweiten Mal als Magister in Paris tätig, eine Ehre, die vorher nur seinem Ordensbruder Thomas von Aquin zuteil wurde. Ab 1314 ist Eckhart als Generalvikar seines Ordens in Straßburg tätig. In dieser Zeit entsteht eine Vielzahl seiner Predigten, so z. B. das „Buch der göttlichen Tröstung" („Liber benedictus") und die Schrift „Von dem edeln Menschen". Die später gegen Eckhart erhobene Anklage, Irrlehren zu verbreiten, beruft sich auch auf diese Schriften. Nach Straßburg betätigt sich Eckhart wieder als Lehrer. Er übernimmt die Leitung des Studium generale in Köln. Die letzten Lebensjahre Eckharts sind durch die Denunziation zweier Mitbrüder überschattet. Sie zeigen Eckhart wegen Häresieverdachts beim Kölner Erzbischof an. 1326 wird Eckhart mit einer Liste von 49 beanstandeten Sätzen aus seinem Werk konfrontiert. Eine weitere Liste enthält 59 Sätze, auch aus seinem lateinischen Werk, für die er sich rechtfertigen soll. Diese Liste wird mit der Rechtfertigungsschrift Eckharts der päpstlichen Untersuchungskommission in Avignon zugestellt. Die Anklage wird auf 28 Punkte reduziert. Als Ergebnis des Verfahrens veröffentlicht Papst Johannes XXII. am 27.3.1329 die Verurteilung Eckharts. Sie ist nach den Anfangsworten benannt: „In agro dominico" („Auf dem Felde des Herrn"). Die Verbreitung dieser Verurteilung in der Erzdiözese Köln hat Eckhart wohl nicht mehr erlebt. Er stirbt vermutlich im Jahre 1328.

Meister Eckhart tritt als Theologe und Philosophischer Praktiker für eine Vernunft ein, die Menschen wach und lebendig macht. Denn in seinen „Deutschen Predigten und Traktaten" ist Eckhart beides, einmal der Theologe und Prediger, der als Mystagoge Menschen in das „absolute Geheimnis" (Rahner) Gottes einführt, das das Gott-Geheimnis des Menschen ist, zum anderen Philosophischer Praktiker, weil er den Nektar der philosophischen Tradition und seiner Philosophie im Interesse eines vernunftgeleiteten Lebens in den Honig für die Menschen verwandelt, die er begleitet. Als Philosophischer Praktiker erweist sich Eckhart auch deshalb, weil er in seinen Traktaten und Predigten für die Lebensform Philosophie plädiert, die bei ihm vor allem anderen dem vernunftgeleiteten Leben entspricht, das kein Gegensatz zu dem Christentum als Lebensform ist.

Als Theologe und Philosoph reflektiert Eckhart in seinem lateinischen Werk die biblische Rede von Gott. Als Prediger und Philosophischer Praktiker verwandelt er in seinen „Deutschen Predigten und Traktaten" die Inhalte seiner Theologie und Philosophie in eine Lebenslehre für die ihm anvertrauten Menschen. Der

Predigerbruder Eckhart ist in seinen Predigten und Traktaten ein Theologe und Philosoph, der als Seelsorger und Philosophischer Praktiker auf die Lebensfragen reagiert, die ihm das Leben seiner jeweiligen Adressaten stellt. Wie beim Schachspiel hat ein Praktiker in dieser Hinsicht immer die „schwarzen Figuren". Er macht den zweiten Zug.

Das gilt auch für die hier vorgenommene Lektüre Eckharts. Sie ist die Lektüre eines Philosophischen Praktikers und eines von Johann Baptist Metz und dessen neuer Politischen Theologie inspirierten Theologen: Sie hat an Eckhart nicht nur ein historisches Interesse, sondern reagiert – zeitdiagnostisch orientiert – auf den Nihilismus unserer Nachmoderne. Das Kennzeichen dieses nachmodernen Nihilismus ist der „geheimnisleere" Mensch, „der immer unfähiger wird zu trauern und unfähig darum, sich trösten zu lassen; immer unfähiger sich zu erinnern und darum manipulierbarer als je; glücklich am Ende nur im Sinne eines sehnsuchts- und leidfreien Glücks, das heißt aber eines wunschlosen Unglücks"[3]. Dieses wunschlose Unglück drückt den Menschen unserer Tage unter sein eigenes humanes Niveau, wenn das Bedürfnis zu *haben* die Sehnsucht erstickt, die den Menschen erst zum Menschen macht. Dieser Sehnsucht entspricht bei Meister Eckhart das „Verlangen nach Sein" (Eckhart). „Esse est deus", heißt es bei ihm in seinem dreiteiligen latei-

---

3 J. B. Metz: Den Glauben lernen und lehren. Dank an Karl Rahner, München 1984, S. 22.

nischen Thesenwerk (Opus tripartitum): „Das Sein ist Gott.“

Diotima ist in Platons „Gastmahl“ die Lehrerin des Sokrates. In Boethius’ Buch „Trost der Philosophie“ ist es die „Dame Philosophie“, die dem zum Tode verurteilten Boethius Trost im Kerker spendet. An Diotima als Lehrerin des Sokrates und an der „Dame Philosophie“ als Trösterin des Boethius wird ein wichtiger Unterschied zu Meister Eckhart sichtbar. Denn Diotima und die „Dame Philosophie“ wenden sich jeweils an einzelne Personen, die für wahrheitsfähig gehalten werden. Die Predigt des Dominikanermönchs und Predigers Eckhart will prinzipiell alle Menschen erreichen. Mit anderen Worten: Eckhart vertritt nicht wie die antike Philosophie einen „elitären“, sondern wie das Christentum einen „vulgären“ Wahrheitsbegriff. Die Wahrheit ist tendenziell und prinzipiell allen Menschen zugänglich. Darum wendet sich der Predigerbruder und Philosophische Praktiker Eckhart ausdrücklich gegen den Philosophen Seneca, der mit seinem elitären Wahrheitsverständnis nur die Gebildeten für wahrheitsfähig hält. Eckhart hält dagegen: „Soll man nicht ungelehrte Leute lehren, so wird niemals wer gelehrt … Denn darum belehrt man die Ungelehrten, dass sie aus Ungelehrten zu Gelehrten werden“ (DW II Tr. 1, S. 313). Der gebildete Mensch ist für Eckhart der selbstbewusst und selbstständig lebende Mensch.

3. Zweifache Vernunft

Der Einweihung des Sokrates in das „Mysterium des Eros" (Picht) durch Diotima entspricht in Eckharts Predigten und Traktaten die Einweisung in das Mysterium Gottes. Die Predigt ist für den *Theologen* Eckhart „Mystagogie", während die Erkenntnis der Wahrheit für den *Philosophischen Praktiker* Eckhart eine Sache der Vernunft ist. So schreibt Eckhart in seinem „Buch der göttlichen Tröstung": „Aus all dieser Lehre, die im heiligen Evangelium geschrieben steht und im natürlichen Licht der vernunftbegabten Seele mit Sicherheit erkannt wird, findet der Mensch wahren Trost für alles Leid" (DW II Tr. 1, S. 239). Die Philosophie ist für ihn – wie für Platon in dessen „Gastmahl" – eine Lebensform. In ihrer Mitte steht die Vernunft, die Denken und Handeln in Bewegung setzt. Im Gegensatz zur Philosophie der Antike ist jedoch bei Eckhart die philosophische Lebensführung nicht die Sache einer Elite, sondern Sache aller Menschen, sofern ihre „vernünftige Seele" (Eckhart) das Erkenntnisorgan der Wahrheit ist.

Die eine Vernunft gibt es bei Eckhart auf zweifache Weise. Einmal ist sie wie die Erinnerung und der Wille – in der Tradition von Augustinus – ein „Seelenvermögen". „Eine weitere Kraft ist in der Seele, mit der sie denkt" (DW I Pr. 9, S. 111). Hier ist von der Vernunft die Rede, die das Denken möglich macht: die Vernunft als Erkenntnisorgan der Wahrheit. Bei Eckhart wird dieser Aspekt der Vernunft aber überboten von der Fähigkeit der Vernunft, „Motor" für das Denken zu sein. Diesen „Motor", der das Denken in Bewegung bringt, nenne ich das „Bewegungsprinzip" des Denkens. Das Bewegungsprinzip geht dem Denken voraus, weil es das Denken überhaupt erst in Bewegung setzt. Wie sieht bei Eckhart die Vernunft aus, die als Bewegungsprinzip das Denken in Bewegung setzt? Wie auch immer die Antwort ausfallen wird: Auf jeden Fall ist es diese Vernunft, die Menschen wach und lebendig macht. Weil diese Vernunft aber dem Denken vorausgeht, nenne ich sie das vorreflexive oder auch das vorphilosophische Bewegungsprinzip des Denkens.

Wer nur den Theologen, Seelsorger und Mystagogen Eckhart in den Blick nimmt, kommt zu einer ausschließlich religiös-spirituellen Lesart Eckharts. Er sieht in ihm vor allem den „Mystiker" oder identifiziert den „Lebemeister" Eckhart mit einem „Lehrer der Spiritualität" (Mieth). Diese religiös-spirituelle Lesart Eckharts haben in der Vergangenheit nicht wenige Eckhart-Interpreten vertreten, weil der Philosophische Praktiker Eckhart – anders als der Mystagoge Eckhart – in der Tat nicht unmittelbar sichtbar wird. Gleichwohl ist Eckhart beides zugleich: Philosophischer Praktiker und Mystagoge. Wer indes nur den Philosophen und Philosophischen Praktiker im Auge hat, verfehlt ihn ebenso. Zwar ist für Eckhart die Erkenntnis der Wahrheit eine Sache der Vernunft, aber er identifiziert diese Wahrheit mit dem Gott des Johannesevangeliums, der Fleisch geworden ist in seinem eigenen Sohn. „Wahrhaftig, so wie Gott die Wahrheit ist und, wo immer ich Wahrheit finde, ich meinen Gott, die Wahrheit finde" (DW II Tr. 1, S. 301).

Die Philosophie des Philosophischen Praktikers Eckhart ist immer auch Reflexion der biblischen Gottesrede – und eben damit Theologie. Philosophische Praxis und Theologie sind bei Eckhart unauflöslich ineinander verschränkt. Eckhart ist immer als Praktiker Theologe und als Theologe Praktiker! Deshalb ist Eckhart als Prediger auch ein Philosophischer Praktiker, der sowohl auf die Vernunft als Erkenntnisorgan der Wahrheit als auch auf die Vernunft setzt, die Menschen wach und lebendig macht, weil sie das Denken und Handeln eines Menschen in Bewegung setzen kann.

4. CHRISTENTUM UND PHILOSOPHIE ALS LEBENSFORM

Wir kennen das Denken allein als ein Reflexionsorgan. Eckhart kennt das Denken auch als ein Wahrnehmungsorgan. Das Denken als Reflexionsorgan kennt nur einen „gedachten Gott", es ist der Gott eines „reflektierten Glaubens", z. B. der Gott der Theologie. Den „wesenhaften Gott" erfasst dagegen das Denken als Wahrnehmungsorgan. Denn dieses Denken ist die „Antenne", durch die Gott in der Seele unmittelbar gegenwärtig ist, weil dieses Denken kein Reflexions-, sondern ein Wahrnehmungsorgan ist. (Diesem Denken entspricht übrigens bei dem Künstler Joseph Beuys die Intuition, sie gehört bei ihm zu den „höheren Formen des Denkens".) „Der Mensch soll sich nicht genügen lassen an einem *gedachten* Gott; denn wenn der Gedanke vergeht, so vergeht auch der Gott. Man soll vielmehr einen *wesenhaften* Gott haben, der weit erhaben ist über die Gedanken des Menschen und aller Kreatur" (DW II Tr. 2, S. 349). Mit Eckhart kann man in Bezug auf unsere heutige „Gotteskrise" (Metz) sagen: Gott ist in Europa für viele Menschen unwesentlich oder ohne Bedeutung, weil ihr Denken zwar ein Reflexions-, aber schon längst kein Wahrnehmungsorgan mehr ist. Ihr „Gottessinn" ist verkümmert, weil sie für Gott keine „Antenne" mehr haben. Der krebskranke Christoph Schlingensief scheint diese „Antenne" noch zu besitzen: „Ich sehe ein Haus am See und ich sehe viele Arbeiten, die aber aus einer anderen Intuition heraus kommen, aus einer größeren Güte und Weichheit heraus"[4].

Der „wesenhafte Gott" ist der Gott, der eine wesentliche oder existentielle Bedeutung für Menschen hat. Der „wesenhafte Gott" ist der Gott, der eine Existenzmitteilung für Menschen ist. Er ist die Wahrheit, die für das Leben von Menschen Konsequenzen hat. Wenn Eckhart den „gedachten" Gott ablehnt und für den „wesenhaften" Gott plädiert, dann deshalb, weil er für die Wahrheit plädiert, die nicht folgenlos bleibt für „das Sein des Subjekts" (Foucault). Bei ihm wird nicht auseinandergerissen, was für den Philosophen Michel Foucault die Theologie auseinanderreißt – die Wahrheit und ihr Subjekt. In der Theologie ist die Erkenntnis der

---

4 Ch. Schlingensief: So schön wie hier kanns im Himmel gar nicht sein! Tagebuch einer Krebserkrankung, Köln 2009, S. 176.

Wahrheit das eine und das Subjekt der Erkenntnis, der Theologe, das andere. Die Erkenntnis der Wahrheit ist in der Theologie von der Veränderung oder Verwandlung des Menschen völlig unabhängig. Eben dies gilt für Eckhart nicht: Gott ist die „intimste" Wahrheit des Subjekts, die ohne „die Transformation des Subjekts" (Foucault) nicht zu haben ist. Es ist diese Entkoppelung der Wahrheit von ihrem Subjekt, die in der Theologie aus dem „wesenhaften" Gott einen „gedachten" Gott macht. Ihr entspricht die Wandlung vom Christentum als Lebensform zu einer Erlösungslehre, und eben dieses Christentum ist keine Existenzmitteilung. Meiner Überzeugung nach könnte die neue Lektüre Meister Eckharts eine wichtige Unterstützung dabei sein, wenn es am Anfang des 21. Jahrhunderts in Europa darum geht, dem Christentum seine existentielle Glaubwürdigkeit zurückzugeben, weil es nicht auf den „gedachten", sondern auf den „wesenhaften" Gott setzt. Das Christentum als die Lebensform, die nicht einem vernunftgeleiteten Leben widerspricht, ist z. B. im kulturellen Westen die adäquate Antwort auf einen islamistischen Fundamentalismus, der auf den Glauben und nicht auf die Vernunft setzt.

Im 10. Kapitel des Lukasevangeliums erzählt Lukas, dass der Nazarener die beiden Schwestern Maria und Martha besucht. Auch nach neuesten exegetischen Studien kann es keinen Zweifel geben, dass im Lukasevangelium das Verhalten der Maria gegenüber dem Verhalten von Martha bevorzugt wird. „Maria hat den guten Teil erwählt" (Lk 10,42). Für Eckhart ist es aber in sei-

ner Predigt „Intravit Jesus in quoddam castellum"
(„Unser Herr ging in ein Städtlein") (DW II Pr. 86,
S. 209f.) andersherum. Denn die ältere Martha steht
für ihn schon da, wo die jüngere Maria noch nicht ist.
Hier spielt bei Eckhart der „Faktor Zeit" (Flasch) eine
bemerkenswerte Rolle. Martha steht gewissermaßen
für das Christentum, das der Lebensform Philosophie
nicht widerspricht. Maria verkörpert dagegen die „vita
contemplativa", aber nicht die philosophische Lebensführung! Was ich damit sagen will: Wenn Eckhart in
dieser Predigt „Martha" gegenüber „Maria" bevorzugt,
dann nicht deshalb, weil er die „vita activa" gegenüber
der „vita contemplativa" stark machen will. Die Alternative ist bei Eckhart nicht das „tätige Leben" (Arendt)
gegenüber dem kontemplativen Leben. Die Alternative
ist für den Dominikaner Eckhart vielmehr der „dritte
Weg". Dieser „dritte Weg" „jenseits" der vita activa
und vita contemplativa ist das philosophische Leben,
das nicht im Gegensatz zu dem Christentum als Lebensform steht, oder eben umgekehrt: die christliche Lebensführung, die kein Gegensatz zur Lebensform Philosophie ist. Die Kraftquelle dieses „dritten Weges" ist
die schöpferische Vernunft.

5. Die gemeinsame Quelle von Nachfolge und philosophischer Lebensführung

„Am Anfang steht die schöpferische Kraft der Vernunft"[5]. So hat Joseph Ratzinger, jetzt Papst Benedikt XVI., den ersten Satz aus dem Johannesevangelium übersetzt: „Im Anfang war das Wort" (Joh 1,1). (Das griechische Wort „Logos" bedeutet sowohl „Wort" wie auch „Vernunft".) Für Eckhart „gebiert" Gott als die schöpferische Kraft der Vernunft in der menschlichen Seele von Ewigkeit zu Ewigkeit den „Sohn". „Der Vater gebiert seinen Sohn im ewigen Erkennen, und ganz so gebiert der Vater seinen Sohn in der Seele wie in seiner eigenen Natur, und er gebiert ihn der Seele zu eigen, und sein Sein hängt daran, dass er in der Seele seinen Sohn gebäre, es sei ihm lieb oder leid" (DW I Pr. 4, S. 55). Der Sohn Gottes, der in der menschlichen Seele geboren wird, ist bei Meister Eckhart der dem Denken vorausliegende Logos, der das Denken und Handeln in Bewegung bringen kann. Aber der Sohn Gottes ist eben auch das Zentrum für das Christentum als Lebensform. Das Christentum und die Philosophie schließen sich bei ihm als Lebensform deshalb keinesfalls gegenseitig aus, weil das in der Seele eines jeden Menschen Mensch gewordene Wort sowohl für die philosophische Lebensführung das Bewegungsprinzip des

---

5 J. Ratzinger: Der angezweifelte Wahrheitsanspruch. Die Krise des Christentums am Beginn des dritten Jahrtausends, in: J. Ratzinger und P. F. d'Arcais: Gibt es Gott?, Berlin 2006, hier S. 17; vgl. Erstabdruck in der FAZ vom 8. 1. 2000.

Denkens als auch für die christliche Lebensführung die existentielle Mitte ist. „Und das Wort ist Fleisch geworden und hat unter uns gewohnt" (Joh 1,14). Das Christsein und die Philosophie als Lebensform speisen sich bei Eckhart aus derselben Quelle. Darum kennt er auch nicht den Gegensatz, der seit der Aufklärung und Moderne als unüberwindbar gilt – den Gegensatz von Nachfolge und philosophischer Lebensführung, von Glaube und Vernunft. „Glaube steckt im Lichte der Vernunft" (DW I Pr. 34, S. 373).

„Nachfolge" ist der andere Name für das Christentum als Lebensform. Die „vita contemplativa" Marias ist in der Deutung Eckharts die Nachfolge, die „mit dem Rücken zur Welt" dem Nazarener folgt. Maria steht gewissermaßen für eine „Mystik der geschlossenen Augen" (Metz), eine Nachfolgemystik „als Akt der reinen Innerlichkeit" (Metz), eine Nachfolge, die sich in eben dieser Innerlichkeit zu verlieren droht, eine Religion ohne Moral. Martha steht dagegen für die Nachfolge, die Metz die „Mystik der geöffneten Augen" genannt hat. Sie verkörpert mit ihrer Nachfolgemystik die „politische" Dimension der Nachfolge, eine Nachfolge, der es nicht wie Maria gelingt, „durch Teilnahmslosigkeit ihre eigene Unschuld zu bewahren" (Metz). Maria gleicht darum – wie Kurt Flasch zu Recht bemerkt – auch der „schönen Seele" Hegels, die in seiner „Phänomenologie des Geistes" für den Menschen steht, der sich in seiner eigenen Innerlichkeit verliert.

Martha steht bei Eckhart für eine „nicht-halbierte" Nachfolge. Eine Nachfolge, die nicht in der Innenwendung „stecken bleibt", sondern für die der Weg nach innen den Weg nach außen frei macht. Für Eckhart entspricht darum dieser nicht-halbierten Nachfolge Christi eine philosophische Lebensführung, die sich nicht dem Leben entzieht. Was also heißt für ihn ein „philosophisches Leben führen"? „Philosophisch leben" heißt für Eckhart zunächst und zuerst, sich nicht das Leben vom Leibe zu halten, sondern sich – wie Martha – auf das (alltägliche) Leben einzulassen. „Denn das Leben gibt das edelste Erkennen. Das Leben erkennt besser als Lust oder Licht" (DW II Pr. 86, S. 211). Man könnte auch sagen: Die Erkenntnis, die ein philosophisches Leben schenkt, ist für Eckhart allemal der sinnlichen Erfahrung und dem Licht der Vernunft vorzuziehen, das die Wahrheit erkennen will, ohne sich dem Leben „auszusetzen". Martha verkörpert bei Eckhart den Menschen, für den die Nachfolge nicht im Gegensatz zu einem philosophischen Leben steht, weil Martha dem Nazarener auf eine erwachsene Weise nachfolgt: „Nachfolge" heißt bei ihr nicht wie bei Maria „Hören auf eine externe Autorität", sondern „Hören auf die interne Autorität der eigenen Vernunft". Diese Vernunft ist der in der Seele geborene Sohn, der Logos des lebendigen Menschen, Quelle der Lebenskraft, die es Menschen möglich macht, sich auf das Leben einzulassen. Für Eckhart lebt derjenige ein philosophisches Leben, dessen Quelle seiner Lebenskraft der Geist ist, der lebendig macht.

6. Was das Denken in Bewegung setzt

Der Künstler Joseph Beuys hat in die Innenseite eines Koffers Kants „Kritik der reinen Vernunft" und eine Maggi-Flasche installiert. Beuys kritisiert hier eine Rationalität der Aufklärung und Moderne, die Herz und Wille nicht mehr in Bewegung setzen kann, weil eben dieser Rationalität die „Würze" fehlt. An die Stelle einer schöpferischen Vernunft, die das Denken und Handeln in Bewegung bringt, ist in unseren Tagen die Rationalität getreten, die Menschen bewegungslos macht, weil sie im Nihilismus unserer Nachmoderne den Glauben an sich selbst verloren hat. Eben davon ist bei Jürgen Habermas die Rede, wenn er vom „Vernunftdefätismus" unserer Moderne spricht. Meister Eckhart lesen heißt dagegen, eine Vernunft kennenzulernen, die eine Alternative zu dieser resignierten Vernunft unserer Nachmoderne bietet, weil er für eine Vernunft plädiert, die die „Würze" hat, die Menschen wach und lebendig macht.

Ohne diese Vernunft wird nicht der Wille des Menschen aktiviert, der es dem Menschen möglich macht, über sich hinauszuwachsen oder „nach den Sternen zu greifen". Dagegen wird es dem Menschen mit dieser Vernunft und dem Willen möglich, sich zu „erheben und darin sein Allerbestes im höchsten Grade [zu] ergreifen" (DW II Tr. 2, S. 357). Das Handeln des Menschen wird durch einen von vernünftiger Einsicht geleiteten Willen in Bewegung gesetzt. „‚Gehorsam‘ [aber] nenne ich dies: was immer die Einsicht gebietet, dass der Wille dies ausführe" (DW II Pr. 86, S. 227). Es ist die menschliche Vernunft als Erkenntnisorgan der Wahrheit, die dem Handeln eine Richtung gibt.

Es ist aber auch das menschliche Herz, das die Eckhart'sche Vernunft in Bewegung setzen kann. „Nun [aber] sagen unsere biederen Leute, man müsse so vollkommen werden, dass uns keinerlei Freude mehr bewegen könne und man unberührbar sei für Freude und Leid. Sie tun Unrecht daran" (DW II Pr. 86, S. 225). Für die Lebensform Philosophie oder das vernunftgeleitete Leben, wie es Eckhart vertritt, ist das gegen alle Gefühle „gepanzerte" Ich keinesfalls ein Ideal. Eckhart setzt vielmehr auf den lebendigen Menschen mit seinem lebendigen Gefühlsleben. „Ihr wähnt, solange Worte euch zu Freude und Leid bewegen vermögen, seiet ihr unvollkommen? Dem ist nicht so" (DW II Pr. 86, S. 225). Aber wichtig ist: Die Vernunft kann für ihn das menschliche Herz in Bewegung bringen, weil sie der „Motor" des Denkens ist, das selbst das Fühlen und Wollen in Bewegung setzt.

Wie für Meister Eckhart setzt auch für Martin Heidegger, einem „Meister" aus der Schule Meister Eckharts, ein vorphilosophisches Bewegungsprinzip das Denken in Bewegung. Für Heidegger wissen wir Heutigen noch nicht, was Denken heißt, weil wir noch nicht wissen, dass nur dann und dort vom Denken gesprochen werden kann, wo und wenn ein vorbegriffliches Bewegungsprinzip das Denken in Bewegung setzt. „Das Bedenklichste in unserer bedenklichen Zeit ist, dass wir noch nicht denken"[6].

---

6 M. Heidegger: Was heißt denken?, Tübingen 1984⁴, S. 3.

Mit seinem „Meister" verbindet Heidegger also etwas Wesentliches. Auch er kennt wie Eckhart ein vorreflexives Bewegungsprinzip des Denkens. Aber dieses dem Denken vorgängige Bewegungsprinzip des Denkens ist bei ihm ein ganz anderes als bei Eckhart. Was für den „späten" Heidegger das Denken in Bewegung setzt, ist das von dem Denken „Vernommene". Das „Vernommene" oder das, was das Denken „vernimmt", ist für ihn das vorphilosophische oder auch vorbegriffliche Bewegungsprinzip des Denkens. Deshalb formuliert er in seiner Vorlesungsreihe die Frage „Was heißt Denken?" in die Frage um: „Was ist es, das uns in das Denken befiehlt?"[7]. Was uns in das Denken befiehlt, ist das „Vernommene", das, was unser „Vernehmen" (= Denken) in Bewegung setzt. Das Denken ist insofern – wie bei Meister Eckhart – ein Wahrnehmungsorgan.

7. Die schöpferische Kraft der Vernunft

Abbild Gottes ist für Eckhart nicht die Vernunft als Erkenntnisorgan der Wahrheit, sehr wohl aber die Vernunft, die mit dem Fleisch gewordenen Logos identisch ist, der in der menschlichen Seele von Ewigkeit zu Ewigkeit geboren wird. Diese Vernunft als Abbild Gottes macht aus dem transzendenten Gott das immanente Bewegungsprinzip des Denkens. Mit diesem dem Denken

---

7 A. a. O., S. 150.

immanenten Bewegungsprinzip ist Eckhart der Denker, der in herausragender Weise am Anfang des 14. Jahrhunderts für den „revolutionären Einbruch der Immanenz" steht, von dem Michael Hardt und Antonio Negri gesprochen haben, ohne dass Hardt und Negri allerdings Eckhart als Beispiel für dieses revolutionäre Denken erwähnen. Aber zweifellos hat gerade Eckhart maßgeblich an der Revolution teil, die für Hardt und Negri in Europa zwischen 1200 und 1600 stattfindet. Dem Menschen wird jetzt die Potenz und Produktivität zugesprochen, die vorher nur Gott zukam. „Die europäische Moderne nahm ihren Anfang, als die Menschheit ihre Macht in der Welt entdeckte und diese neue Würde des Menschen zu einem neuen Bewusstsein von Vernunft und Möglichkeit führte"[8].

Bei Eckhart gewinnt der Mensch ein gesteigertes Selbstbewusstsein, weil die Vernunft als Bewegungsprinzip des Denkens ein Abbild Gottes ist. Zu einem solchen Abbild wird die Vernunft durch die „creatio continua". Damit ist bei ihm ein „nicht abbrechender Schöpfungsvorgang" (Haas) Gottes gemeint, also der schöpferischen Kraft der Vernunft, die in der menschlichen Seele den „Sohn" „gebiert". Deshalb entspricht bei Eckhart der „creatio continua" die „incarnatio continua" oder die „Sohn-Werdung". Die creatio ist bei Meister Eckhart kein Schöpfungsakt, der am Anfang der Geschichte Gottes mit dem Menschen steht, son-

---

8 M. Hardt und A. Negri: Empire. Die neue Weltordnung, Frankfurt/Main 2002, S. 85.

dern die Dynamik, die sich „in diesem Augenblick ebenso wie zu jeder Zeit" (Mieth) zwischen dem Geschöpf
und dem Schöpfer ereignet. Spiegel der schöpferischen
Kraft des göttlichen Logos, der in der Seele den Sohn gebiert, ist die Schöpferkraft der menschlichen Vernunft.
Die Geburt Gottes ereignet sich dort, wo die schöpferische Vernunft die Kraftquelle des Denkens und Handelns ist. Es ist die schöpferische Vernunft oder die Geburt Gottes in der Seele, die das Denken in Bewegung
setzt, das Herz und Wille in Bewegung bringt.

Das „Einfallstor" für diese „creatio" und „incarnatio continua" ist bei Eckhart die „scintilla animae"
oder der „göttliche Seelenfunke", „das Strahlen Gottes
und das Zurückstrahlen der Seele ... In diesem Geschehen ist der Mensch gleichgestaltet mit dem Sohn, den
Gott von Ewigkeit her geboren hat und immer wieder
in diesem Geschehen gebiert"[9]. Dieser „göttliche Seelenfunke" strebt zum „Seinsgrund". Der „durchgeübte
Seinsgrund" (DW II Pr. 86, S. 209) ist der „Grund" der
Seele, der durch die Verwandlung des Menschen trans-
parent wird. Dieser Grund ist für Eckhart die Gottheit,
die er an vielen Stellen seines Werkes von Gott unterscheidet. Gott ist Gott in seiner Dreifaltigkeit, also
Gott als Vater, Sohn und Heiliger Geist. Die drei Personen der Dreifaltigkeit sind die dreifache Weise, in der
die Gottheit (= der eine Gott) Gestalt annimmt. Der

---

9 D. Mieth: Die Einheit von vita activa und vita contemplativa in
den deutschen Predigten und Traktaten Meister Eckharts und bei Johannes Tauler, Regensburg 1969, S. 145.

„durchgeübte Seinsgrund" oder die Gottheit ist für Meister Eckhart bei Martha der Grund der Seele, der sie auf ihrem eigenen „Grund und Boden" stehen lässt. Eckhart steht für eine Nachfolge und philosophische Lebensführung, die Menschen zu unabhängigen und selbstständigen Menschen macht. Mit Eckhart gibt es im Hochmittelalter zum ersten Mal einen Mystagogen und Philosophischen Praktiker, für den „alle Menschen herausgerufen sind zum Subjektsein vor ihrem Gott" (Metz).

Weil Maria aber diese Transformation noch vor sich hat, hat sie keinen Zugang zu der Wahrheit. Sie ist auf eine externe Autorität angewiesen, die die Wahrheit sagt. „Drei Dinge ließen Maria zu den Füßen Christi sitzen" (DW II Pr. 86, S. 209). Für sie ist nicht wie für Martha die interne Autorität der Vernunft normativ, welche Menschen in Bewegung bringt. Diese Vernunft steht Maria im Gegensatz zu Martha noch nicht zur Verfügung, Maria ist noch nicht „zur Vernunft gekommen". Sie hat die Alternative, entweder in ihrem eigenen „Wohlgefühl" (Eckhart) stecken zu bleiben oder durch eine philosophische Lebensführung zur Vernunft zu kommen und Selbst- und Weltverantwortung zu übernehmen. Sie ist der Mensch, dessen Begehren noch keine Richtung hat, deshalb hat sie ein „unaussprechliches Verlangen: Sie sehnte sich und wusste nicht wonach, und wünschte, ohne zu wissen, was" (DW II Pr. 86, S. 209). Maria verkörpert in Eckharts Lesart die nicht verwirklichte Möglichkeit, die wir Menschen haben, Martha die verwirklichte Möglichkeit; und die

Möglichkeit, die wir Menschen haben, ist, dass der in der menschlichen Seele eingeborene Logos ein von der schöpferischen Vernunft inspiriertes Denken und Handeln möglich macht.

Dem Künstler Joseph Beuys stellte sich in der zweiten Hälfte des 20. Jahrhunderts die Frage, wer oder was zukünftig die Entwicklung des Bewusstseins des Menschen vorantreibt. Es ist für ihn die „anthropologische Kunst" (Beuys), also die Kunst, in der der Anthropos im Zentrum steht. „Anthropos" ist das griechische Wort für „Mensch". In seiner anthropologischen Kunst steht aber nicht einfach der Mensch im Zentrum, sondern der Mensch, den das schöpferische Wort zu einem Künstler macht. „Ich gehe zurück auf den Satz: Im Anfang war das Wort. Das Wort ist eine Gestalt. Das ist das Evolutionsprinzip schlechthin"[10]. Auch Beuys kennt wie Eckhart den schöpferischen Logos, der das Bewegungsprinzip des Denkens und der Sprache ist. Und Beuys wie auch Eckhart in seinen „Deutschen Predigten und Traktaten" stellen den Anthropos ins Zentrum, also den Menschen, dessen schöpferischer Logos das Denken und Handeln in Bewegung setzt.

Aber Meister Eckhart und Beuys unterscheiden sich in einem wesentlichen Punkt. Beuys kennt nicht mehr wie die Aufklärung und Moderne insgesamt eine Vernunft, die ein Abbild Gottes ist, ein Abbild des Gottes, dessen göttliche Vernunft aus der Welt ein geordnetes

---

10 F. Mennekes: Beuys zu Christus. Eine Position im Gespräch, Stuttgart 1989, S. 62.

Ganzes oder eben einen Kosmos macht. Denn Beuys ist ein Denker nach Kant, und seit Kant ist für das „nachmetaphysische Denken" (Habermas) ein Kosmos undenkbar geworden, der der Spiegel einer göttlichen Vernunft ist. (Das Lied „Weißt du, wie viel Sternlein stehen an dem blauen Himmelszelt? Gott, der Herr, hat sie gezählet, dass ihm auch nicht eines fehlet", ist ein „ungleichzeitiges" Lied, weil es nicht diesem Denken nach Kant entspricht.) Wie auch immer: Meister Eckhart ist ein Denker vor Kant. Für Eckhart als einem Denker der mittelalterlichen Metaphysik steht der Anthropos im Zentrum, der der Bürger eines Kosmos ist. Das macht Eckhart – wie seinen Ordensbruder Thomas von Aquin – zu einem „christlichen Anthropozentriker" und unterscheidet ihn allemal von Boethius, der in seiner „Trostschrift" den Kosmos ins Zentrum stellt, in dem der Mensch ein Bürger ist. Meister Eckhart ist also wie Thomas von Aquin ein Denker, der am Übergang von einem kosmozentrischen zu einem anthropozentrischen Denken steht.

8. DER „DRITTE WEG"

Die Lebensform Philosophie, die nicht im Gegensatz zum Christentum als Lebensform steht, zielt auf die Transformation des Menschen zum Anthropos, also die Verwandlung des Menschen zu dem Menschen, der zukunftsfähig ist, weil er jenseits der „vita contemplativa" und „vita activa" den „dritten Weg" geht und aus dem schöpferischen Logos als Kraftquelle des Denkens und des Handelns lebt. Damit ist aber noch nicht alles über diesen „dritten Weg" gesagt. Das wird deutlich, wenn man sich vergegenwärtigt, dass die Sackgasse der „vita contemplativa" die Weltentfremdung und die Sackgasse der „vita activa" die Selbstentfremdung ist. „Weltentfremdung" heißt – in Anlehnung an Fritz Perls –, dass der Mensch nicht mehr zur Welt hin „glüht"; „Selbstentfremdung" heißt, dass der Mensch keine oder nur noch eine eingeschränkte Beziehung zu sich selber hat. Dies ist in einem „tätigen Leben" der Fall, in dem der Mensch sich in seiner eigenen Tätigkeit oder Aktivität verliert. Ebendies tut bei Eckhart Martha nicht, weil sie jenseits der klösterlichen „vita activa", aber auch jenseits der „weltlichen" „vita activa" den „dritten Weg" geht: „Du stehst *bei* den Dingen, nicht aber stehen die Dinge *in dir*. Die aber stehen besorgt [= in *rechter* Sorge], die in all ihrem Tun [= Tätigsein] *unbehindert* stehen. Unbehindert [aber] stehen *die*, die alle ihre Werke ordnungsgemäß nach dem Vorbild des ewigen Lichtes ausrichten" (DW II Pr. 86, S. 215). Vorbild ist das „Licht Christi".

Der „dritte Weg" des Meister Eckhart ist auch heute noch eine Alternative zu Weltflucht, Weltrückzug und Selbstverlust bzw. Selbstentfremdung. Denn Eckhart setzt als Theologe auf die Nachfolge und als Philosophischer Praktiker auf die philosophische Lebensführung, die Menschen ein nicht entfremdetes Leben möglich macht. Was ist aber für ihn das Kennzeichen eines nicht entfremdeten Lebens? Das Kennzeichen ist, dass „Lieb und Leid der Kreatur den obersten [Seelen-]Wipfel nicht herabzubeugen vermögen" (DW II Pr. 86, S. 211). Mit dem „obersten Seelen-Wipfel" ist bei Eckhart der „Sitz" des „göttlichen Seelenfunkens" gemeint. Hier ist das „Urfeuer in seiner ursprünglichen Reinheit erhalten. Der Sitz dieses göttlichen Seelenfunkens heißt lateinisch ‚apex mentis‘, ‚Spitze‘, ‚Gipfel der Vernunft‘"[11].

Der Anthropos ist der lebendige Mensch, der sein „Genügen im Geiste" (Eckhart) findet. Und das „Genügen im Geiste", oder das nicht entfremdete Leben, entspricht bei ihm der Lebensführung, für die die schöpferische Vernunft der „Motor" ist, weil das „Feuer" des „göttlichen Seelenfunkens" am Glühen ist. Seiner selbst und der Welt entfremdet wäre also für Eckhart der „geistlose" Mensch unserer Tage, für den seine Vernunft nur noch ein Erkenntnisorgan ist, aber nicht mehr das Bewegungsprinzip des Denkens und Handelns. Es ist die „Geistlosigkeit", die Menschen „subjektmüde" macht. „Subjektmüde" ist der Mensch, der als „krummes Holz" (Kant) nicht mehr aufrecht gehen kann, weil sein Denken nicht mehr „Feuer fängt". Wenn Eckhart darum für den Menschen eintritt, bei dem „der Sohn offenbar werde und ich selbst in der Liebe des Heiligen Geistes entflammt und entzündet werde" (DW II Tr. 1, S. 267), dann plädiert er für den „aufrechten Gang" (Bloch) eines Menschen, der sein

---

11 K. Ruh: Meister Eckhart. Theologe – Prediger – Mystiker, München 1985, S. 146.

„göttliches Seelenfünklein" an der „Spitze", am „Gipfel der Vernunft" trägt. Martha ist für Eckhart ein solcher Mensch. Sie sitzt nicht wie ihre Schwester Maria zu Füßen des Herrn, sondern ihr Kennzeichen ist das „Umhergehen" (Eckhart). Den „dritten Weg" gehen, heißt für den Theologen und Praktiker Eckhart, ein Mensch des „aufrechten Ganges" zu sein. Auch 750 Jahre nach seiner Geburt fasziniert Meister Eckhart viele Menschen, weil er einen Ausweg aus der „Subjektmüdigkeit", „Geistlosigkeit" oder auch der „metaphysischen Resignation" und dem „Vernunftdefätismus" zeigt. Sein Ausweg ist die Verwandlung des unlebendigen Menschen in den lebendigen Menschen oder den Anthropos.

9. DER „INNERE" UND DER „ÄUSSERE" MENSCH

Eckhart spricht nicht von der Schuld und dem Elend des Menschen, sondern von seiner Würde. Die Würde des Menschen basiert bei Eckhart auf dessen Intellektphilosophie. Denn es ist für ihn der menschliche Intellekt oder eben die Vernunft, die den Menschen nicht nur zu einem Ebenbild Gottes, sondern zu einem Bild Gottes macht. Diese Unterscheidung ist wichtig. Denn die scholastische Tradition sah in dem Menschen das Ebenbild Gottes, in dem Mensch gewordenen Gottessohn das Abbild Gottes. Für Eckhart, hier in einer Linie mit Albert dem Großen und Dietrich von Freiberg, gilt dies nicht mehr. Der Mensch ist durch die Vernunft Abbild Gottes. Sie ist das „Feuer", das der in der Seele eines jeden Menschen eingeborene Logos zum Brennen bringt. „*Vernunft* ist der ‚Tempel Gottes'. Nirgends wohnt Gott eigentlicher als in seinem Tempel, in der Vernunft" (DW I Pr. 9, S. 109). „Anthropos" ist, dessen Vernunft nicht nur ein Erkenntnisorgan, sondern der „Tempel Gottes" ist.

Meister Eckhart denkt groß vom Menschen. Eckharts christliche Anthropozentrik ist eine aristokratische Anthropologie. Für diese Anthropologie ist „der Mensch seiner Natur nach" „edel". Damit unterscheidet er sich diametral von der theologischen Anthropologie, wie sie etwa im 12. Jahrhundert von Innozenz III. vertreten wurde. Steht bei Eckhart die Größe des Menschen im Mittelpunkt, so ist es bei Innozenz dessen Elend. In der Schrift „De miseria humanae conditionis" („Vom Elend des menschlichen Daseins") gibt dieser davon ein beredtes Zeugnis: „Aus Erde geformt ist der Mensch, empfangen in Schuld, geboren zur Pein"[12].

Eckhart setzt auf die Veredelung des Menschen, der seiner Natur nach edel ist. Damit schließt er sich den antiken Philosophien an, für die die Philosophie die Lebensform ist, die selbst „die Veredelung, die Verwirklichung des Ich" (Hadot) anstrebt. Von dieser Veredelung ist bei Eckhart in seinem Traktat „Vom edlen

---

12 Papst Innozenz III.: Miseria humanae conditionis, zitiert nach: L. Sturlese: Homo divinus. Philosophische Projekte in Deutschland zwischen Meister Eckhart und Heinrich Seuse, Stuttgart 2007, S. 35.

Menschen" die Rede. Der nicht-„veredelte" Mensch ist für ihn der „äußere Mensch". Der „äußere" Mensch ist der Mensch, bei dem der „Same Gottes" „überschattet" ist. „Keine vernunftbegabte Seele ist ohne Gott; der Same Gottes ist in uns" (DW II Tr. 1, S. 319). Weil die menschliche Vernunft der Spiegel des göttlichen Logos ist, bringt das vernunftgeleitete Leben, das der Nachfolge entspricht, diesen „Samen" „ans Licht" (DW II Tr. 1, S. 319). Das Gegenteil aber zu dem „äußeren" Menschen ist der „innere" Mensch. Den „inneren" Mensch setzt Eckhart mit dem „neuen Menschen" (DW II Tr. 1, S. 319) gleich. Er ist der Anthropos.

Dem „äußeren Menschen" gleicht in unseren Tagen derjenige, der nicht zu einem „innengeleiteten" Leben in der Lage ist, weil er sich seiner selbst nicht mehr innewerden kann. Seine „Antennen" sind ausschließlich nach außen gerichtet. Er hat sich seiner selbst entfremdet, weil er in den jeweiligen sozialen Rollen, die er einnimmt, „verschwunden" ist. Mit anderen Worten: Der außengeleitete Mensch ist nicht der Mensch, der in unserer Gesellschaft eine Rolle spielt, „außengeleitet" ist aber sehr wohl der Mensch, der zu seinen jeweiligen Rollen keine Distanz mehr zeigt. „Entfremdung von sich selbst bedeutet eine Verringerung der Rollendistanz"[13].

Die Selbstbesinnung, das Innehalten eröffnet zum

---

13 H. P. Dreitzel, zitiert nach: R. Jaeggi: Entfremdung. Zur Aktualität eines sozialphilosophischen Problems, Frankfurt/Main; New York 2005, S. 113.

Beispiel dem Besucher einer Philosophischen Praxis die Möglichkeit, zu seiner Rolle in Distanz zu treten und so sich seiner selbst innezuwerden. Dies ist alles andere als eine Selbstverständlichkeit. Denn viele „außengeleitete" Menschen wissen heute gar nicht mehr, was „innehalten" heißt. Wer aber nicht mehr „innehalten" kann, kann sich auch nicht mehr erinnern, weil die Erinnerung eine spezifische Weise des „Innehaltens" ist. Der „äußere Mensch" unserer Tage ist darum der erinnerungslose Mensch. „Das Geheimnis seiner Erlösung (wurzelt) nun nicht mehr – wie das ein bekanntes Wort aus der jüdischen Traditionen nahelegt – in der Erinnerung, sondern im Vergessen, in einer neuen Kultur der Amnesie"[14]. Wir leben am Anfang des 21. Jahrhunderts in einem Europa, das immer mehr sein eigenes Gedächtnis verliert.

Aber der „äußere" Mensch unserer Tage ist nicht nur der Mensch, der sich seiner selbst nicht mehr innewird, sondern derjenige, dessen Signatur sein „Substanzverlust" bzw. seine Leere ist, weil er sich seines „Innersten" nicht mehr innewird. Diese Leere ist das Kennzeichen des Nihilismus unserer Nachmoderne, weil der Mensch von seinem Zentrum ins Nichts rollt. Auch dies kann von Eckhart gelernt werden: In einem anspruchsvollen Sinne lebt erst „innengeleitet", wer sich seines „Innersten" innewird. Dieses „Innerste" der Seele bei Eckhart entspricht bei Augustinus dem „abdi-

---

14 J. B. Metz: Memoria Passionis. Ein provozierendes Gedächtnis in pluralistischer Gesellschaft, Freiburg im Breisgau 2006, S. 124.

tum mentis". „Der Kirchenvater spricht davon in ‚De Trinitate' XIV c.7. als dem Verborgenen in der Seele, das Gott nächst verwandt ist. ... Eckhart umschreibt es als ‚etwas Heimliches und Verborgenes' (DW I 123,6f.), als ‚des Geistes Innigstes' (DW I 90,7)"[15]. Es ist bei Eckhart der „Grund" der Seele oder als Bild für das Innigste des Geistes das „Burgstädtchen", das der Nazarener in der lukanischen „Maria und Martha"-Perikope besucht.

10. Der Logos der Liebe

Für Augustinus ist Gott der Seele näher als sie sich selbst. Bei Eckhart ist es umgekehrt: Bei ihm ist die Seele Gott näher als sich selbst. Sich selbst nahezukommen heißt darum, Gott näherzukommen. Sich seiner selbst innezuwerden, heißt deshalb, Gott zu erkennen. „Gott muss ... in der Erkenntnis des sich selbst erkennenden Ich gesucht und gefunden werden"[16]. Wenn Eckhart deshalb in seinen „Reden der Unterweisung" dafür plädiert, nicht so sehr darüber nachzudenken, was zu tun ist, sondern vielmehr zu erkennen, wer man ist, dann geht es ihm keinesfalls einfach um „Selbsterfahrung", sondern um die Selbsterkenntnis als Voraussetzung der Gotteserkenntnis. Diese Selbstreflexivität als Vorausset-

---

15 K. Ruh, a. a. O., S. 147.
16 N. Winkler, a. a. O., S. 113.

zung der Gotteserkenntnis ist aber für ihn eine Sache der praktischen Vernunft, sprich: der Nachfolge. Diese widerspricht nicht einer Philosophie, die vor allem eines sein will – Lebensform. Mit anderen Worten: Das Christentum als Lebensform und die Lebensform Philosophie widersprechen sich bei Eckhart nicht, weil das selbstbewusste Ich Subjekt sowohl für die Nachfolge wie für die philosophische Lebensführung ist.

Er setzt nicht mehr auf die „Schäfchen", die bewusstlos ihrem „Hirten" folgen, er setzt vielmehr auf den Menschen, der ein selbstbewusster Freund des Nazareners ist, weil er mit ihm eines Geistes ist. Die Freundschaft ist das Gemeinsame von Nachfolge und einer philosophischen Lebensführung, deren Vernunft Menschen nicht „verkapselt", sondern untereinander verbindet. Dies leistet sicherlich nicht die Rationalität der Moderne, sehr wohl aber die Vernunft, die für Eckhart die Quelle der mit dem Hl. Geist identifizierten Liebe ist. Es ist der Hl. Geist, der im Pfingstereignis die Apostel in der Sprache sprechen lässt, die allen Menschen gemeinsam ist. Für einen Philosophischen Praktiker unserer „nachmetaphysischen Moderne" stiftet das dialogische Denken freundschaftliche Beziehungen unter den Menschen. Der Logos der Sprache besitzt im Dialog die Kraft zur Gemeinsamkeit, die den einzelnen Dialogpartnern „voraus- und zugrundeliegt" (Habermas).

11. „WERDE SOHN"

Die Tugend ist für Eckhart wie für Platon das Gute, das es zu verwirklichen gilt. Martha lebt ein „tugendhaftes" Leben, weil sie ein am Guten ausgerichtetes Leben leben will. Weil Maria aber noch nicht ein am Guten orientiertes Leben leben kann, bedarf sie der externen Autorität, die das Gute verkörpert. Das lässt sie „zu Füßen" des Nazareners sitzen. Sie bedarf noch der externen Autorität, die ihr den Weg zu einem „tugendhaften" Leben weist. Ein selbstbestimmtes Leben lebt aber seit der Aufklärung und Moderne nur der Mensch, der nicht mehr auf eine externe Autorität, sondern auf die interne Autorität der eigenen Vernunft bzw. auf sich selber hört. Insofern ist die philosophische Lebensführung, die für Eckhart auf die Verinnerlichung des „Sohn Gottes" abzielt, eine „Praxis der Freiheit" (Foucault).

In Eckharts Buch „Vom edlen Menschen" ist dieses Hören auf den „äußeren Meister" der erste Schritt, den ein Mensch gehen muss, wenn der „göttliche Seelenfunke" in ihm brennen soll. In einem nächsten Schritt macht es ihm die Verinnerlichung dessen, was ihm „äußere Meister" gezeigt haben, möglich, von ebendiesen unabhängiger zu werden. Ebendas führt den seiner selbst innegewordenen Menschen „in Freude und in Süßigkeit und Seligkeit" (DW II Tr. 1, S. 319). Aber ebendieser Mensch ist es auch, der „ja" zu allem sagt, was ihm das Leben an schwierigen Herausforderungen und an Schmerz und Leid bringt. Auf einer nächsten Stufe ist er so seiner selbst innegeworden, dass er – wie

wir heute sagen würden – „ganz bei sich selbst ange-
kommen" ist. Ebendies ist der „Boden" dafür, dass er
jetzt „Sohn Gottes" werden kann. „Sohn Gottes" zu
sein ist aber das Höchste, was ein Mensch erreichen
kann. „Darüber hinaus noch höher gibt es keine Stufe"
(DW II Tr. 1, S. 321). Ein nicht entfremdetes Leben lebt
für Eckhart, wer „Sohn Gottes" ist. „Sohn Gottes" aber
ist für ihn der Anthropos, der Mensch, für den der
schöpferische Logos der Liebe der „Motor" für das
Denken und Handeln ist.

12. Schmerzempfindliche Vernunft

Der letzte auf Erden geschriebene Satz Martin Luthers –
„Wir sind alle Bettler. Hoc est verum. Das ist wahr" – ist
ein Satz aus der „Abenddämmerung" des Mittelalters.
Für die Aufklärung und Moderne sind die Selbstbestimmung oder die Freiheit des Menschen mit seiner Bedürftigkeit nicht mehr vereinbar. Denn der bedürftige
Mensch ist der Mensch, der des anderen Menschen bedarf und deshalb nicht unabhängig und d. h. frei ist. Für
Eckhart macht dagegen die Bedürftigkeit und das Begehren die Kreatürlichkeit des lebendigen Menschen aus.
Für ihn geht es nicht darum, diese Bedürftigkeit und das
Begehren des Menschen „stillzustellen". Vielmehr geht
es darum, sie zu verwandeln. Der leidende Mensch ist
der bedürftige Mensch, und der leidenschaftliche
Mensch ist der begehrende Mensch. Eckhart geht es

nicht darum, dass das kreatürliche Leiden und die kreatürliche Leidenschaft des Menschen „abgetötet" werden.
Die Bedürftigkeit und das Begehren, das Leiden und die
Leidenschaft machen vielmehr den Menschen aus. „Gottes Sohn von Natur wollte aus Gnade Mensch werden,
auf dass er um deinetwillen leiden könnte, und du willst
Gottes Sohn werden und nicht Mensch, damit du nicht
leiden mögest noch brauchst um Gottes noch um deiner
selbst willen" (DW II Tr. 1, S. 293).

Die nicht verwandelte Bedürftigkeit und das nicht
verwandelte Begehren machen Menschen zu Gefangenen ihrer eigenen Subjektivität. Eckhart sieht im nicht
verwandelten Leiden daher das Leiden, das Menschen
zu Gefangenen dessen macht, worunter sie leiden.
„Wie könnte auch der getröstet sein und ohne Leid,
der sich ständig dem Schaden zukehrt und dem Leid
und das in sich und sich in es einprägt und es anblickt,
und es schaut ihn wiederum an, und er plaudert mit ihm
und spricht mit dem Schaden, und der Schaden wiederum plaudert mit ihm, und beide schauen sich von Angesicht zu Angesicht" (DW II Tr. 1, S. 245). Eckhart tritt
deshalb in seinem „Buch der göttlichen Tröstung" für
die Erkenntnis der Wahrheit ein, die Menschen aus
dem Gefängnis ihres eigenen Leidens befreit. Diese
Wahrheit – für Eckhart in letzter Instanz Gott selbst –
verwandelt den leidenden Menschen, weil sie den auf
seinen Schmerz und sein Leiden fixierten Menschen zu
einem freien Menschen macht.

Eckhart stimmt Boethius zu, wenn dieser sich gegen
die Gefühle wendet, die Menschen zu Gefangenen ihrer

selbst machen, wie z. B. die Angst. Eckhart: „Solange du es [das Gefühl, T. P.] ansiehst und es wiederum dich ansieht, so lange siehst du Gott nicht" (DW II Pr. 69, S. 247). Das Gegenteil von den Gefühlen, die Menschen zu Gefangenen machen, ist für ihn der Schmerz und das Leid, das einen Menschen zum „Sohn Gottes" macht. „Es gehört, wenn man Sohn sein soll, dazu, dass man leide" (DW II Tr. 1, S. 291). Der Schmerz und das Leid machen einen Menschen zum „Sohn", wenn die leidempfindliche Vernunft die Quelle von Schmerz und Leid ist. Diese schmerzempfindliche Vernunft, die einen Menschen zum „Sohn Gottes" macht, ist die Vernunft, die einen Menschen zu einem lebendigen Menschen oder eben zu einem Anthropos macht. „Weil Gottes Sohn in der Ewigkeit nicht leiden konnte, darum sandte ihn der himmlische Vater in die Zeit, auf dass er Mensch würde und leiden könnte" (DW II Tr. 1, S. 291). Gott wird Mensch, damit der Mensch zum lebendigen Menschen oder zu dem Anthropos wird, der Freude, Schmerz und Leid empfinden kann. Aber was uns Menschen zum Anthropos macht, ist nicht unsere Schmerzempfindlichkeit, sehr wohl aber die schmerz- oder leidempfindliche Vernunft, die uns zum „Sohn Gottes" macht.

Weil aber bei Eckhart die „leidgeschärfte Vernunft" (Metz) den Menschen zum Anthropos bzw. zum „Sohn Gottes" macht, ist für ihn auch nicht – wie für Boethius – die Beseitigung, sondern die Bejahung des Schmerzes das Ziel. „Man liest im Buch der Väter, dass ein Mensch einem heiligen Vater klagte, dass er zu leiden habe. Da sprach der Vater: ‚Willst du, Sohn, dass ich Gott bitte, er möge dir's abnehmen?' Da sagte der andere: ‚Nein, Vater, denn es ist mir heilsam, das erkenne ich wohl. Bitte vielmehr Gott, er möge mir seine Gnade verleihen, auf dass ich willig leide'" (DW II Tr. 1, S. 306f.). Für den krebskranken Christoph Schlingensief heißt „Bejahung des Schmerzes" Bejahung der Wunde, die der Krebs geschlagen hat: „Ja, das ist es vielleicht: Wer seine Wunde zeigt, der wird gesund. Denn der Krebs ist weg, aber der Einschnitt bleibt"[17]. Nicht der verleugnete oder beseitigte Schmerz, sondern der bejahte Schmerz verwandelt Menschen.

Für den Neuplatoniker Boethius ist die Seele Gefangene eines Körpers, der Menschen schmerzempfindlich macht. In unserer Nachmoderne ist der Körper Gefangener einer Seele, die Menschen schmerzunempfindlich macht. Der Mensch unserer Tage leidet daran, dass er nicht leiden kann. Es ist darum gerade die „anästhesierte" Subjektivität, für die eine Lektüre Eckharts hilfreich sein könnte. Eckhart wendet sich in seiner „Trostschrift" gegen die „anästhesierte" Vernunft des Neuplatonismus, die Menschen nicht zu schmerzempfindlichen „Söhnen Gottes", sondern – wie bei Boethius – zu angst- und schmerzfreien „Göttern" machen will. „Also ist der Lohn der Guten, den keine Zeit zerbricht, den niemandes Macht mindert, niemandes Bosheit verdunkelt, Götter zu werden"[18].

---

17 Ch. Schlingensief, a. a. O., S. 197.
18 Boethius, a. a. O., S. 100.

Die leidempfindliche Vernunft leidet „um Gottes und des Wohltuns willen" (DW II Tr. 1, S. 277). Deshalb entspricht ihr das Denken, das für das eigene oder das Leid des Anderen ein Wahrnehmungsorgan ist. Dieses Denken ist die Alternative zu einer „anästhesierten" Vernunft, die Menschen für das Leid anderer Menschen wahrnehmungsunfähig macht. Schon in seinen „Reden der Unterweisung" plädiert Eckhart für ein solches Denken, dessen „Motor" die leidempfindliche Vernunft ist. „Wäre der Mensch so in Verzückung, wie's Sankt Paulus war, und wüsste einen kranken Menschen, der eines Süppleins von ihm bedürfte, ich erachtete es für weit besser, du ließest aus Liebe von der Verzückung ab und dientest dem Bedürftigen in größerer Liebe" (DW II Tr. 2, S. 363). Wenn Eckhart hier für ein Denken eintritt, das befähigt ist, den „Ton des Leidens" in der Welt zu hören, dann entspricht dieses Denken der Nachfolge, für die das „Mitleiden" oder die „Compassion" (Metz) zentral ist. Das Denken, das wahrnehmungsfähig ist für das Leid des Anderen, ist das Denken, das für Eckhart den Willen in Bewegung setzt, der für ihn der „Sitz" der Liebe ist. „Die Stätte des Wesens der Liebe ist allein im Willen" (DW II Tr. 2, S. 363). Die Liebe, deren „Sitz" der Wille ist, darf nicht mit der Liebe verwechselt werden, deren „Sitz" die Gefühle und Empfindungen sind. Diese Gefühle und Empfindungen haben für ihn mit Liebe nichts zu tun, sondern sind bloßes „Wohlgefühl und süßes Empfinden" (DW II Tr. 2, S. 363).

Wovon aber ist bei Eckhart die Rede, wenn er von dem „Leiden um Gottes willen" (DW II Tr. 1, S. 277) spricht? Für eine Antwort auf diese Frage ist es sinnvoll, sich zu vergegenwärtigen, dass Eckhart in seiner „Trostschrift" Gott mit der Wahrheit, mit der Gerechtigkeit und dem Guten oder Gutsein identifiziert. „Leiden um Gottes willen" heißt darum hier: leiden um der Wahrheit, um der Gerechtigkeit und um des Guten willen. Wer aber um der Wahrheit, der Gerechtigkeit und des Guten willen leidet, ist für Eckhart „Gottes Sohn, gut als Sohn der Gutheit, gerecht als Sohn der Gerechtigkeit" (DW II Tr. 1, S. 237). Das „Leiden um Gottes Willen" ist darum das Leiden von Menschen, deren schmerzempfindliche Vernunft sie nicht verhärtet und verbittert, sondern gut und gerecht bleiben lässt – und die eben so eine Seelenstärke und Würde zeigen, die sie zu „Söhnen Gottes" macht.

13. Der „dezentrierte" Mensch

Viele Menschen des „Westens" sind im letzten Drittel des 20. Jahrhunderts bei ihrer Suche nach dem „wahren Selbst" gescheitert, weil sie das Zentrum ihrer ursprünglichen Wahrheit in den Tiefen ihrer je eigenen Seele „verorteten". Hier sollte die Antwort auf die Frage gefunden werden, wer sie wirklich sind. Aber das Zentrum für die ursprüngliche Wahrheit des Menschen ist nicht in den unbewussten „Abgründen" des einzelnen Menschen zu finden, weil dieses Zentrum außerhalb des Menschen liegt. Ebendies macht den Menschen konstitutiv „dezentriert". Das Zentrum des „dezentrierten" Menschen oder die Mitte seiner Wahrheit ist das kulturell und gesellschaftlich vermittelte Allgemeine, an dem das Besondere partizipiert. Das heißt, die in einer jeweiligen Kultur und Gesellschaft sprachlich vermittelten Inhalte, die eine überindividuelle Gültigkeit beanspruchen, sind das Zentrum für die ursprüngliche Wahrheit des einzelnen Menschen. Ein Beispiel für einen solchen Inhalt mit überindividuellem Wahrheits- oder Geltungsanspruch sind die Zehn Gebote. Was immer in einer Kultur und Gesellschaft eine Geltung beansprucht, die für alle gilt, nennt der französische Psychoanalytiker Jacques Lacan „das Gesetz". Das kirchlich vermittelte Christentum z. B. ist Tradent einer Wahrheit, die für sich beansprucht, für alle Menschen gültig zu sein. Es ist der allgemeingültige oder universale Wahrheitsanspruch der biblischen Gottesrede – und nicht die Moral –, der die Kirchen zu „Hütern des Gesetzes" macht.

Dass das Zentrum des „dezentrierten" Menschen das kulturell und gesellschaftlich vermittelte Allgemeine ist, kann auch an den negativen Folgen „abgelesen" werden, die es hat, wenn dem Einzelnen die Teilhabe am Allgemeinen nicht möglich ist. Dafür ist die heutige Autoritätskrise in Europa ein Beispiel. Denn sie ist die Krise einer Autorität, der immer mehr die (Strahl-)Kraft fehlt, als ein identitätstiftender Repräsentant des Allgemeinen – und das heißt hier: als „moralische Autorität" – aufzutreten. Beispiel für diese „verglühte" Strahlkraft ist in Europa das „Verschwinden" der Väter als

Vorbild, und eben dies heißt als „moralischer Autorität", was vor allem für die Identitätsfindung ihrer Söhne, aber auch für ihre Töchter oft folgenschwere Konsequenzen hat.

Für Eckhart ist dieses Allgemeine oder das Zentrum des Menschen der Gott, den er – wie eben gesagt – mit der Wahrheit, der Gerechtigkeit und dem Gutsein identifiziert. „Die Gutheit ist weder geschaffen noch gemacht noch geboren; jedoch ist sie gebärend und gebiert den Guten. … Alles, was zum Guten gehört, empfängt er von der Gutheit in der Gutheit" (DW II Tr. 1, S. 235). Das Gebären und Geborenwerden ist für Eckhart ein Bild für die Partizipation des einzelnen Menschen an dem identitätsstiftenden überindividuellen Geist der Wahrheit, Gerechtigkeit und des Gutseins. So ist der einzelne Mensch durch die Teilhabe am Geist der Gerechtigkeit ein gerechter Mensch. Weil aber für Eckhart das außerhalb des Menschen liegende Zentrum der Gott ist, der dem Menschen allererst sein Sein verleiht, ist für ihn der Mensch ohne Gott ein Nichts. „Alle Kreaturen sind ein reines Nichts. Ich sage nicht, dass sie geringwertig oder überhaupt etwas seien: Sie sind ein reines *Nichts*. Was kein Sein hat, das ist nichts. Alle Kreaturen [nun] haben kein Sein, denn ihr Sein hängt an der Gegenwart Gottes" (DW I Pr. 4, S. 53). Menschen leiden an einem „Mangel an Sein", wenn ihnen die Teilhabe an dem Geist der Wahrheit, Gerechtigkeit und des Gutseins vorenthalten wird. Es ist dieser massive „Mangel an Sein", der Menschen müde und unlebendig macht. An diesem Mangel leidet, wem die Schwerkraft fehlt, die dem eigenen Leben Halt und Gewicht gibt. Es ist die fehlende Gravitation, die Menschen „haltlos" und zu einem existentiellen „Fliegengewicht" macht. Eckhart ist der Denker der Gravitation, deren Signaturen die Wirklichkeitstauglichkeit und Widerstandsfähigkeit des Menschen sind.

14. DIE ERSTICKTE SEHNSUCHT

Unsere Zeit ist die Zeit der erstickten und erloschenen Sehnsucht. „Wunsch und Hoffen ertrank"[19], sagt Nietzsche in seinem Gedicht „Die Sonne sinkt". Was aber hat unsere Sehnsucht erstickt? Es ist das Bedürfnis zu haben und immer mehr zu haben, was den „Gotteshunger" oder das „Verlangen nach Sein" (Eckhart) hat erlöschen lassen. Ebendies hat der Münsteraner Theologe Johann Baptist Metz schon Anfang der 70er Jahre in dem Text „Unsere Hoffnung" klar gesehen: „Nun versteht sich die Gesellschaft, in der wir leben, immer mehr als eine reine Bedürfnisgesellschaft, als ein Netz von Bedürfnissen und deren Befriedigung. Wo jedoch die gesellschaftlichen und öffentlichen Interessen ausschließlich von dieser Bedürfnisstruktur geprägt sind, hat unsere christliche Hoffnung nur ein verschwindendes Dasein. Denn in dieser Hoffnung drückt sich eine

---

19 F. Nietzsche: Werke II (hg. v. K. Schlechta), Dionysos-Dithyramben, Frankfurt/Main u. a. 1969[6], S. 1255.

Sehnsucht aus, die alle unsere Bedürfnisse über-
steigt"[20]. Eckhart ist als Theologe und Philosophischer
Praktiker ein Denker dieser Sehnsucht. Dieser Sehnsucht entspricht bei Eckhart das von dem Bedürfnis zu
unterscheidende Begehren. Diesem Begehren kommt in
Eckharts Konzept des Aufstiegs der Seele zu Gott eine
grundlegende Bedeutung zu. Neben der Liebe ist dieses
Begehren eine Dimension der voluntas, des Willens, der
selbst zu den drei Basiskräften der Seele zählt. Es ist der
Mangel an Sein, der dieses Begehren antreibt und den
Aufstieg der Seele zu Gott vorantreibt. Erst in der Liebe, die die Seele mit Gott eins werden lässt, findet dieses Begehren seine Ruhe.

Die „Abenderkennntnis" ist für Eckhart die Erkenntnis von Mensch und Welt, ohne auf Gott Bezug
zu nehmen. Die „Morgenerkenntnis" ist die Erkenntnis,
die Gott und Mensch in eine Beziehung bringt. „Wenn
man die Kreatur in ihrem eigenen Wesen erkennt, so
heißt das eine ‚Abenderkenntnis', und da sieht man die
Kreaturen in Bildern mannigfaltiger Unterschiedenheit; wenn man aber die Kreaturen in Gott erkennt, so
heißt und ist das eine ‚Morgenerkenntnis'" (DW II Tr. 1,
S. 327). Nicht der „Abenderkenntnis", sehr wohl aber
der „Morgenerkenntnis" ist es möglich zu verstehen,
dass das Zentrum des lebendigen Menschen der Geist
der Wahrheit, Gerechtigkeit und des Gutseins ist. Was

---

20 J. B. Metz: Unsere Hoffnung. Ein Beschluß der Gemeinsamen
Synode der Bistümer in der Bundesrepublik Deutschland, Bonn
1975, S. 5.

wir heute brauchen, ist diese Eckhart'sche „Morgenerkenntnis", wenn wir wirklich verstehen wollen, worin
im passiven Nihilismus unserer Nachmoderne die Problemlage von Menschen liegt. „Die Kraft des Geistes
kann ermüdet, erschöpft sein"[21], sagt Nietzsche über
diesen passiven Nihilismus. In der Psychotherapie und
Psychoanalyse am Anfang des 21. Jahrhunderts reicht
deshalb die „Abenderkenntnis" durchaus nicht mehr
aus! Denn die entscheidende Frage ist heute nicht das
seelische Belastungsbild des Einzelnen, sondern wie viel
von dem überindividuellen Geist, von dem Eckhart
spricht, der Einzelne braucht, um ein belastbares Indivi-
duum sein zu können.

Am Anfang des 21. Jahrhunderts sieht es in Europa
so aus, als ob die Kraft des Geistes ermüdet und erschöpft ist. Darum spricht der britische „Großintellek-
tuelle" George Steiner von der „maßlosen Müdigkeit"
Europas. Der passive Nihilismus unserer Tage ist der
Nihilismus, der vergessen hat, dass er den Gott vergessen hat, ohne den der Mensch laut Eckhart ein Nichts
ist. Nietzsche hat allerdings noch gewusst, was seine
Epigonen im 20. Jahrhundert vergessen sollten – dass
der „Tod Gottes" das „Ende seines Mörders" (Foucault) nach sich zieht. Darum leiden Menschen immer
weniger an ihrer neurotischen Depression, dafür vielmehr an ihrer „metaphysischen Resignation".

---

21 F. Nietzsche: Werke III (hg. v. K. Schlechta), S. 558.

15. Wärme

Dass für Eckhart der Mensch ohne Gott ein Nichts ist, tritt auch im Blick auf die Differenzen zwischen der Analogielehre Eckharts und der des Thomas von Aquin deutlich zutage. Thomas vertritt eine „Verhältnisanalogie", Eckhart aber eine „Analogie der Zuordnung". Besonders anschaulich wird der Unterschied im Bild von der Luft und der Sonne, das beide verwenden: Für Thomas empfängt die Luft von der Sonne das Licht, „ohne aber an der Natur der Sonne teilzunehmen" (Ruh). Das Verhältnis von Luft und Sonne entspricht bei Thomas ganz dem Verhältnis zwischen Geschöpf und Schöpfer, wie es die biblisch-christliche Schöpfungslehre vertritt. Das geschaffene Sein wird deutlich von dem ungeschaffenen Sein unterschieden: Gott *ist* das Sein, die Kreatur *hat* Sein. Ganz anders bei Eckhart: Die Kreatur besitzt kein eigenes Sein. Bei ihm wird der Luft das Licht der Sonne nur „geliehen". Wenn das Sonnenlicht weggeht, herrscht „Finsternis", „das ‚Nichts' des Geschaffenen" (Ruh). In dem „Buch der göttlichen Tröstung" heißt es: „Die Sonne gibt der Luft Wärme, Licht aber gibt sie ihr auf Borg; und darum: Sobald die Sonne untergeht, so verliert die Luft das Licht, die Wärme aber bleibt ihr" (DW II Tr. 1, S. 273).

Bemerkenswert an diesem Bild: Eckhart spricht nicht nur von der Luft und der Sonne, er spricht auch von der Wärme, die bleibt. Diese Wärme ist bei ihm gleichbedeutend mit dem „Sohn", der durch die incarnatio continua, die Gottesgeburt in der Seele, geboren wird. Die

Wärme ist das Kennzeichen des Menschen, der eine leidempfindliche Vernunft besitzt und sie zur Quelle jener Wärme macht. Die Liebe ist für Eckhart keinesfalls wie für die Romantiker ein Gefühl, sondern sie „entspringt dem Sohn, der Geburt Gottes, in der sich Gott vollkommen ausspricht" (Largier). Die Quelle der Liebe ist also bei Eckhart die „schöpferische Liebe" (Ratzinger) des göttlichen Logos. „Die wahre Vernunft ist die Liebe, und die Liebe ist die wahre Vernunft"[22]. Wie schon gesagt: Diese Liebe identifiziert Eckhart – anders als Thomas von Aquin – mit dem Hl. Geist. Gleichzeitig kennt Eckhart aber auch – wie schon bei der Vernunft – zwei Weisen der Liebe. Einmal die kreatürliche oder die „natürliche" unmittelbare Liebe, die Liebe, in der die Freud'sche Libido wirksam ist, und zum anderen die Liebe, die der Hl. Geist selber ist. Das findet sich im 20. Jahrhundert bei Beuys wieder. Ebendieser Liebe entspricht bei Joseph Beuys das Denken als Quelle der menschlichen Wärme. Auch bei ihm ist die Liebe keinesfalls eine Sache der Gefühle, sondern des Denkens, das sich aus der universalen Liebes- oder Christussubstanz speist. Wenn für Joseph Beuys alles auf den „Wärmecharakter" im Denken ankommt und er diese Wärme des Denkens mit der neuen Qualität des Willens gleichsetzt, dann rückt er damit nahe an Eckhart heran.

---

22 J. Ratzinger, a. a. O., S. 18.

16. Das verwandelte Begehren

Das Christentum als Lebenspraxis und die philosophische Lebensführung sind bei Eckhart ununterscheidbar.
Das ethische Denken und Handeln, das gut sein und das
Gute will, machen die Nachfolge und das vernunftgeleitete Leben zu den zwei Seiten der einen Medaille.
Darum ist es kein Zufall, dass Eckhart in seinem „Buch
der göttlichen Tröstung“ Sokrates erwähnt. „Ein heidnischer Meister, Sokrates, sagt, dass Tugenden unmögli-
che Dinge möglich und zudem leicht und angenehm machen“ (DW II Tr. 1, S. 309). Sokrates verkörpert für
Platon den „tugendhaften“ Menschen, der das Gute
verwirklichen will. Denn bei ihm ist das Begehren, das
nicht das Gute will, in das Begehren verwandelt worden, das das Gute will. Diotima weiht in Platons „Gastmahl“ Sokrates in das „Mysterium des Eros“ (Picht)
ein. Dieses Geheimnis des Eros entspricht bei Platon
dem „eros entheon“ (Platon), dem gotterfüllten Eros
oder dem verwandelten Begehren, das das Gute will.

„Philosophisch leben“ heißt bei Eckhart: sokratisch
leben. In seinem „Trostbuch“ identifiziert Eckhart die
Gottesliebe mit dem Begehren, das das Gute verwirklichen will. „Jenes Werk aber ist: Gott lieben, ist Gutes
und die Gutheit wollen“ (DW II Tr. 1, S. 275). „Philosophisch leben“ heißt nicht ein angenehmes Leben leben wollen, „philosophisch leben“ heißt ein gutes Leben leben wollen. Für das „gute Leben“ ist die Idee des
Guten das normative und regulative Prinzip. Aber wir
sind nicht im Besitz der Wahrheit. Darum geht es uns

heute wie Sokrates, der im Hinblick auf das Gute allein von seinem Nicht-Wissen wusste. „In diesem Zurückgeworfensein auf uns selbst lernen wir es schätzen, dass wir nach dem wahrhaft Guten *fragen* können"[23].

Das nicht verwandelte Begehren ist das Begehren, das (noch) nicht das Gute will. „Nun kann der Mensch offen erkennen, warum und woher er in allem seinem Leide, Ungemach und Schaden ungetröstet ist. Das kommt stets nur daher, dass er fern von Gott ist und nicht ledig der Kreatur, Gott ungleich und kalt an göttlicher Liebe" (DW II Tr. 1, S. 269). Dem verwandelten Begehren entspricht bei Eckhart deshalb „ein Streben und Neigen zu allem Guten und ein Fliehen und Widerstreben weg von allem dem, was böse und übel ist, der Gutheit und Gott ungleich" (DW II Tr. 1, S. 277).

Bei Eckhart löst der „Alltagsmensch" Martha Platons „Ausnahmemenschen" Sokrates ab. Denn Maria ist der Mensch des nicht verwandelten Begehrens, weil sie nicht weiß, was sie will, und deshalb noch nicht das Gute will. Martha aber ist der Mensch des verwandelten Begehrens, weil sie das höchste Gut, Gott selber, will: „Der ,vernunfterhellte' Wille besteht darin, dass man die Füße setze in alle Werke Jesu Christi und der Heiligen, das heißt: dass man Wort, Wandel und Wirken gleichmäßig ausrichte, hingeordnet auf das Höchste" (DW II Pr. 86, S. 225). Der vernünftige Weg ist die Nachfolge. Das vernunftgemäße Leben und der „geist-

---

23 E. Tugendhat: Selbstbewußtsein und Selbstbestimmung. Sprachanalytische Interpretationen, Frankfurt/Main 1979, S. 357.

liche" Weg der nicht-„halbierten" Nachfolge sind bei Eckhart ununterscheidbar.

Platons „gotterfülltem Eros" entspricht bei Eckhart das „innere Werk", das Wirken Gottes, das aber für ihn nicht nur in dem verwandelten, sondern auch in dem nicht verwandelten Begehren wirksam ist. Denn Gott wirkt immer. Eckhart macht eben dies an dem Bild von dem Stein deutlich. „Dessen äußeres Werk ist es, dass er niederfällt und auf der Erde aufliegt. *Dieses* Werk kann gehindert werden" (DW II Tr. 1, S. 275). Nicht aber seine Neigung, nach unten zu fallen, sie kann nicht verhindert werden. „Das kann ihm weder Gott noch Kreatur noch irgendwer benehmen. Dies Werk wirkt der Stein ohne Unterlass Tag und Nacht" (DW II Tr. 1, S. 275). Gott wirkt „ohne Unterlass" im verwandelten Begehren, das das Gute will – und im nicht verwandelten Begehren, das noch nicht das Gute will. Gott tut sein Werk auch da, wo er noch nichts bewirken kann.

Für Nietzsche ist das erloschene Begehren oder das wunschlose Unglück des Menschen einer geheimnisleeren Moderne das Begehren des „letzten Menschen", der nach dem „Tod Gottes" von seinem „Verschwinden" bedroht ist. In seinem „Zarathustra" erweist sich Nietzsche als sprachmächtiger, meisterhafter Analytiker des in sich selbst zusammengefallenen oder des „implodierten" Begehrens. „Wehe! Es kommt die Zeit, wo der Mensch keinen Stern mehr gebären wird. Wehe! Es kommt die Zeit des verächtlichsten Menschen, der sich selbst nicht mehr verachten kann. Seht! Ich zeige euch

den letzten Menschen. ,Was ist Liebe? Was ist Schöp-
fung? Was ist Sehnsucht? Was ist Stern?' – so fragt der
letzte Mensch und blinzelt"[24].

Der „Motor" unserer Selbsttranszendenz ist für Eckhart das verwandelte Begehren – das Gegenteil zu dem
erloschenen Begehren unserer Tage. „Man soll überdies
wiederum wissen, dass in der Natur der Eindruck und
Einfluss der obersten und höchsten Natur einem jeglichen Wesen wonnesamer und lustvoller ist denn seine
eigene Natur und Wesensart. Das Wasser fließt infolge
seiner eigenen Natur niederwärts zu Tal, und darin liegt
auch sein Wesen. Jedoch unter dem Eindruck und Einfluss des Mondes oben am Himmel verleugnet und ver-
gisst es seine eigene Natur und fließt bergan in die Höhe, und dieser Ausfluss ist ihm viel leichter als der Fluss
niederwärts" (DW II Tr. 1, S. 287). Auf jeden Fall zielen
philosophische Lebensführung und Nachfolge bei Eckhart gleichermaßen auf Selbsttranszendenz. Ihr Gegenteil ist, dass der Mensch „sich zurückkreuzt zum findi-
gen Tier" (Rahner).

17. TRANSFORMATION

Es gibt aber nicht nur das verwandelte und das nicht
verwandelte Begehren, es gibt auch das erfüllte und das
nicht erfüllte Begehren. Eckhart zieht das nicht erfüllte

---

24 F. Nietzsche: Werke II (hg. v. K. Schlechta), S. 284.

Begehren allemal dem erfüllten Begehren vor, weil für ihn das „Bewusstsein von dem, was fehlt" (Habermas), genauer: das „Gottvermissen" (Metz), konstitutiv für das christliche Gottesgedächtnis ist. „Und sicherlich, im eigentlicheren Sinne nimmt man Gott entbehrend als nehmend" (DW II Tr. 1, S. 255). Auch dies unterscheidet ihn von Boethius. Denn Boethius zieht das erfüllte Begehren dem nicht erfüllten Begehren vor, genauer: Boethius zieht das „Gotthaben" allemal dem Gottvermissen vor: „Da die Menschen nämlich durch Erlangen der Glückseligkeit glückselig werden, die Glückseligkeit aber die Gottheit selber ist, so ist klar, dass sie durch das Erlangen der Gottheit glückselig werden"[25]. Eckhart ist auch deshalb der Denker der Sehnsucht, weil seine Theologie eine „Theologie des vermissten Gottes" (Peters) ist. Der „letzte Mensch" Nietzsches ist wunschlos unglücklich, weil er nichts und niemand mehr vermisst. „‚Wir haben das Glück erfunden' – sagen die letzten Menschen und blinzeln"[26].

Gott ist für Eckhart nicht nur in einem Menschen Mensch geworden, Gott hat vielmehr die menschliche Natur angenommen. Die Natur des Menschen ist, dass der Mensch „Sohn Gottes" ist, und er lebt seiner Natur gemäß, wenn er „Sohn Gottes" wird. „Werde Sohn, wie ich Sohn bin, geborener Gott!" (DW II Tr. 1, S. 289). So lautet bei Eckhart in seinem „Buch der göttlichen Tröstung" der Imperativ für eine philosophische Lebensfüh-

---

25 Boethius, a. a. O., S. 76.
26 F. Nietzsche: Werke II (hg. v. K. Schlechta), a. a. O., S. 285.

rung. Dieses „Sohn-Werden" ist vor allem ein tagtäglicher Transformationsprozess, für den Eckhart ein sehr schönes Bild findet. Er vergleicht diesen Verwandlungsprozess mit dem Verbrennen des Holzes. „Wenn das Feuer seine Wirkung tut und das Holz entzündet und in Brand setzt, so macht das Feuer das Holz ganz fein … und macht das Holz sich selbst, dem Feuer, mehr und mehr gleich" (DW II Tr. 1, S. 267). Ein „philosophisches Leben" leben, das heißt für Eckhart, sich auf einen tagtäglichen Kampf mit sich selbst einzulassen, bei dem alles „verbrennen" kann, was uns nicht zu „Söhnen Gottes" macht: „Grobheit, Kälte, Schwere und Wässerigkeit" (DW II Tr. 1, S. 267). Die Parallele, die dieses Denken Eckharts zu einer Zen-Weisheit aufweist, ist bestechend: „Reite dein Pferd entlang der Schneide des Schwertes. Verbirg dich inmitten der Flammen. Der Obstbaum wird im Feuer Blüten treiben. Die Sonne geht am Abend auf." Für Eckhart lebt philosophisch, wer die Sonne am Abend aufgehen sieht.

18. Vernunft und Freiheit

Ein Philosophischer Praktiker ist an einer Vernunft interessiert, die als Freiheit praktisch wird – sowohl bei ihm selbst als auch bei den von ihm begleiteten Menschen. Was aber macht für Philosophische Praxis einen Menschen zu einem freien Menschen? Frei ist der Mensch, der nicht ein Gefangener seiner eigenen Subjektivität ist. Das stimmt auch für Meister Eckhart. Er denkt als Aufklärer vor der Aufklärung Vernunft und Freiheit zusammen, wenn er in seinen „Deutschen Predigten und Traktaten" auf eine Vernunft setzt, die Menschen zu freien Menschen macht, weil sie Menschen aus dem Gefängnis ihrer eigenen Egozentrik befreit. Gleichwohl gibt es einen wichtigen Unterschied zwischen Meister Eckhart und der philosophischen Beratung unserer Tage. In der Philosophischen Praxis ist es die Vernunft, die im dialogischen Denken zur Sprache kommt, bei Eckhart ist es die Vernunft, die der „Tempel Gottes" ist, die Menschen zu freien Menschen macht. Frei ist der Mensch, wenn diese schöpferische Vernunft der „Motor" für das Denken und das Handeln ist. „Wo der Mensch in Gehorsam aus seinem Ich herausgeht und sich des Seinen entschlägt, ebenda muss Gott hinwiederum eingehen; denn wenn einer für sich selbst nichts will, für den muss Gott in gleicher Weise wollen wie für sich selbst" (DW II Tr. 2, S. 335). Gott wirkt sein Werk in wirksamer Weise in dem Anthropos, der die Tugend des „wahren Gehorsams" (Eckhart) verwirklicht, weil er kein Gefangener seines eigenen Egos ist.

Die Freiheit ist von seinen „Reden der Unterweisung" bis zur „Armutspredigt des letzten Kölner Jahres" (Ruh) das Kernthema Meister Eckharts. In seinen „Reden der Unterweisung" setzt Eckhart auf die Freiheit des „wahren Gehorsams" und auf die Freiheit der Gelassenheit. Es ist der Ungehorsam und die Ungelassenheit, die Menschen zu Gefangenen ihrer eigenen

Subjektivität macht. Dagegen gilt: „Das ledige Gemüt vermag alle Dinge" (DW II Tr. 2, S. 337). Gott hat nur in diesem ledigen Gemüt Raum. In seiner Predigt „Intravit Jesus in quoddam castellum" (DW I Pr. 2, S. 25ff.) ist die Freiheit des Menschen eine Frage seiner Fruchtbarkeit. Ich könnte auch sagen: Sie ist eine Frage seiner Kreativität und Produktivität. Denn hier bevorzugt Eckhart gegenüber der „Jungfrau" das „Weib". Die „Jungfrau" ist bei ihm das Bild für den Menschen, der für die „oberste Wahrheit" empfänglich ist, weil er nicht mehr von sich selbst besetzt ist. „Dass der Mensch Gott in sich *empfängt*, das ist gut, und in dieser Empfänglichkeit ist er Jungfrau. Dass aber Gott fruchtbar in ihm werde, das ist besser" (DW I Pr. 2, S. 27). Dass ein Mensch nicht mehr ein Gefangener seiner eigenen Subjektivität ist, ist für Eckhart die notwendige Bedingung der menschlichen Freiheit. Die zureichende Bedingung ist aber die Kreativität und Produktivität des Menschen. Und deren Quelle ist der Fleisch gewordene schöpferische Logos. „Und da ist der Geist Weib in der wiedergebärenden Dankbarkeit, wo er Jesum wiedergebiert in Gottes väterliches Herz" (DW I Pr. 2, S. 27). Die Geburt Gottes in der Seele oder die schöpferische Kraft der Vernunft ist die Quelle der Freiheit. Der Philosophische Praktiker Eckhart spricht von der Vernunft und meint die Freiheit.

19. WAS UNS WACH UND LEBENDIG MACHT

Mystagogie und Philosophische Praxis stimmen überein: Der Mensch ist kein auflösbares Rätsel, sondern das Geheimnis, das immer größer wird, je mehr ich mich auf dieses Geheimnis einlasse. Das Geheimnis Mensch ist der Anthropos. Er steht im Zentrum des Denkens und Wirkens von Meister Eckhart als Mystagoge und Philosophischer Praktiker. Für den Menschen als Geheimnis stimmen bei Eckhart die philosophische Lebensführung und das Christentum als Lebensform nahtlos überein. Eben damit ist Eckhart ein revolutionärer Denker. Denn indem in seinen „Deutschen Predigten und Traktaten" die philosophische Lebensführung und die Nachfolge ununterscheidbar werden, erschüttert er die Exklusivität, die bis dahin im christlich geprägten Kulturkreis der Lebensform Christentum zukam. Dass Nachfolge und philosophische Lebensführung vollständig übereinstimmen, heißt eben auch, dass sie wie eineiige Zwillinge sind, die nicht auseinandergehalten werden können. Aber auch diese eineiigen Zwillinge können getrennte Wege gehen. Denn „philosophisch leben" heißt bei Eckhart ein Leben leben, das auf die eigene Vernunft setzt und dennoch nicht im Widerspruch zur Nachfolge stehen muss, sehr wohl aber im Widerspruch zum Christentum als Lebensform stehen kann. Nur: In unseren Tagen besteht kein Gegensatz zwischen philosophischer Lebensführung und Nachfolge, weil die Lebensform Philosophie in der Aufklärung und Moderne längst gegenüber der Philosophie als Wissenschaft vollkommen in den Schatten getreten ist. Glaube und Wissenschaftsvernunft stehen sich seitdem unversöhnlich gegenüber. Heute Eckhart lesen heißt: die Philosophie als Lebensform aus ihrem Schattendasein herauszuholen! Eckhart steht – wie die Philosophische Praxis, die sich nach Kant Vernunft und Freiheit verpflichtet weiß – für eine Philosophie, die Konsequenzen für das Leben hat, also eine Existenzmitteilung ist.

Befürchteten seine Ankläger, wenn sie ihm in der Bulle von Johannes XXII. „In agro dominico" vom 27. März 1329 vorwarfen, „hauptsächlich vor dem einfachen Volke in Predigten" gelehrt zu haben, vielleicht auch, dass ebendieses „einfache Volk" nicht mehr im Christentum die exklusive Lebensform erblicken könnte und stattdessen auf die philosophische Lebensführung und d. h. auf die eigene Vernunft setzen könnte? Auf jeden Fall stimmt: Aufklärung und Moderne setzen auf die Vernunft, die dem Christentum widerspricht, das sich auf die externe Autorität des Wortes Gottes beruft. Denn seit Kant akzeptiert die Philosophie unserer nachmetaphysischen Moderne keine andere Autorität als die interne Autorität der Vernunft. Die Vernunft wird gegenüber der biblisch-christlichen Religion autonom, Religion und Vernunft treten auseinander.

Aber in der Aufklärung und Moderne ist die schöpferische Vernunft, für die Meister Eckhart steht, zu der Rationalität verkümmert, die der Vernunft einen „unvernünftigen" Ursprung unterstellt. Beispiel ist hier die Psychoanalyse Freuds, für die die „unvernünftigen"

Wünsche aus dem Unbewussten – und nicht die menschliche Vernunft – der eigentliche „Steuermann" des menschlichen Seelenlebens sind. Ebendiese Problemlage hat Joseph Ratzinger schon vor seiner Wahl zum Papst am Beginn des 21. Jahrhunderts veranlasst, auf dem schöpferischen Logos zu bestehen, dem vor dem „Vernunftlosen" (Ratzinger) der Primat zukommt. „In principio erat verbum – am Anfang aller Dinge steht die schöpferische Kraft der Vernunft. Der christliche Glaube ist heute wie damals die Option für die Priorität der Vernunft und des Vernünftigen"[27].

Die schöpferische Kraft der Vernunft, oder die Geburt Gottes in der Seele, macht für Eckhart Menschen wach und lebendig, weil sie das Bewegungsprinzip des Denkens ist. Was wir in Europa am Anfang des 21. Jahrhunderts deshalb brauchen, ist das Bewegungsprinzip des Denkens, das Menschen wach und lebendig macht, weil es Herz und Wille in Bewegung setzen kann. Denn eben dieses verlebendigende Denken ist in der Rationalität der Aufklärung und Moderne „verschwunden", die ebendiesen „Motor" nicht besitzt. Wie gesagt: Der „Motor" eines solchen Denkens ist das vorphilosophische oder vorreflexive Bewegungsprinzip des Denkens. Dieses Bewegungsprinzip kann wie bei Meister Eckhart der schöpferische Logos des lebendigen Menschen sein, wie bei Joseph Ratzinger der in dem Nazarener Fleisch gewordene schöpferische Logos Gottes oder wie bei Joseph Beuys der schöpferische

---

27 J. Ratzinger, a. a. O., S. 17.

Logos der Sprache. Für alle drei macht eben dieser Logos die Vernunft nicht zu einem Produkt des Unvernünftigen, sondern zur Quelle aller Produktivität. Dieses Bewegungsprinzip kann aber auch wie bei Martin Heidegger das „Vernommene" sein oder in der Philosophischen Praxis unserer Tage das erinnerte und erzählte Leben ihrer Besucher. Der schöpferischen Kraft des „dephlegmatisierenden"[28] Denkens entgegengesetzt ist z. B. die irrationale Vitalisierung durch Alkohol und Drogen.

20. GESCHICHTSLOSE VERNUNFT

Heute sind Tradition und biblische Religion für viele Menschen keine normativen Instanzen. Dem trägt eine erwachsen gewordene Christenheit Rechnung, die – „zur Vernunft gekommen" – auf das Denken oder die Reflexion der Glaubenswahrheiten im Dialog mit den Menschen setzt, die diesen Glauben nicht teilen. Das Denken ist in der Aufklärung und Moderne ein Reflexionsorgan, aber kein Wahrnehmungsorgan mehr. Was aber macht heute für die Philosophische Praxis ein Denken schmerz- oder leidempfindlich, das nicht wie bei Eckhart ein Wahrnehmungsorgan, sondern ein Reflexionsorgan ist? Für die Philosophische Praxis unserer Tage ist es – mit Emmanuel Lévinas – die Erinne-

---

28 „dephlegmatisieren, vivificieren" – Novalis zugeschrieben.

rung an eigenes Leid, die Menschen wahrnehmungs-fähig macht für fremdes Leid. Denn nach Lévinas gilt für das Judentum, dass die Quelle der leidempfind-lichen Vernunft die kollektive Erinnerung an das eigene Trauma der Sklaverei in Ägypten ist. Wie für Lévinas macht auch für Johann Baptist Metz die Erinnerung wahrnehmungsfähig für fremdes Leid und so aus dem Denken als Reflexionsorgan ein Wahrnehmungsorgan. Denn seine neue Politische Theologie setzt für unsere „Compassion" (Metz) auf die „memoria passionis", auf die Erinnerung an das Leiden, den Tod und die Auferstehung des gekreuzigten Nazareners. Für Metz ist es dieses Eingedenken, was das Denken in Bewe-gung setzt, oder eben das vorbegriffliche Bewegungs-prinzip des Denkens. Metz widerspricht einer „ge-schichtslosen" Vernunft, für die die Erinnerung und Erzählung nicht das grundlegende Erkenntnisorgan sind. Die Metz'sche Theologie will „Theologie nach Auschwitz" sein.

Dem Philosophischen Praktiker und Theologen Meister Eckhart kann die „erinnerungsbegabte" Ver-nunft von Lévinas und Metz nicht in den Blick kom-men, weil er mit seinem Denken einer „geschichtslosen" Vernunft verpflichtet bleibt. Erinnern wir uns: Bei Eck-hart ist Gott der Seele näher als sie sich selbst, und die Vernunft ist der „Tempel" dieses Gottes. Diese immer schon von Gott illuminierte Vernunft, und nicht die Er-innerung und Erzählung, ist bei Eckhart das Erkenntnis-organ der Wahrheit. Ebendarum ist die Vernunft, für die Eckhart eintritt, eine „geschichtslose" Vernunft.

Diese „geschichtslose" Vernunft ist in Eckharts Denken das Bewegungsprinzip des Denkens. Das unterscheidet sein Denken allemal von der Philosophischen Praxis unserer Tage, weil hier das erinnerte und erzählte Leben und Erleben ihrer Besucher das Bewegungsprinzip des Denkens ist.

21. PHILOSOPHISCH LEBEN

In Georg Büchners Revolutionsdrama „Dantons Tod" ruft Camille aus: „Die allgemeinen fixen Ideen, welche man die gesunde Vernunft tauft, sind unerträglich langweilig. Der glücklichste Mensch war der, der sich einbilden konnte, dass er Gott, Vater, Sohn und Heiliger Geist sei"[29]. Bei Meister Eckhart müssen sich Menschen dies nicht einbilden, weil er in seinen „Deutschen Predigten und Traktaten" eine schöpferische Vernunft kennt, die der Geburt Gottes in der Seele entspricht. Eckharts Mystagogie und Philosophische Praxis sind in seinen „Deutschen Predigten und Traktaten" gewissermaßen eine vorgezogene Aufklärung über die Aufklärung, deren Vernunft in unseren Tagen unerträglich langweilig, nicht aber mehr das Bewegungsprinzip des Denkens ist. Aber nur ein solches Denken, dessen „Motor" ein vorreflexives Bewegungsprinzip ist, macht

---

29 G. Büchner: Dantons Tod, in: Werke und Briefe, München 1965, S. 58.

Menschen wach und lebendig, weil auch nur ein solches Denken Herz und Wille in Bewegung setzen kann. Gemeinsam ist Meister Eckhart, Heidegger, Beuys, Benedikt XVI., Metz und Philosophischer Praxis, dass sie ein vorphilosophisches Bewegungsprinzip kennen, welches das Denken in Bewegung bringt. Es macht die Originalität und Größe ihres philosophischen Denkens aus, dass sie jeweils ein neues, vorbegriffliches Bewegungsprinzip des Denkens etablieren. Sie unterscheiden sich in dem, was das Denken in Bewegung setzt.

Der von Ewigkeit zu Ewigkeit in der Menschenseele eingeborene Sohn, die Vernunft als „Tempel Gottes", ist für den Philosophischen Praktiker wie für den Theologen Eckhart das Bewegungsprinzip des Denkens, das Menschen wach und lebendig macht. Es ist also dasselbe Bewegungsprinzip, das das Denken sowohl für den Praktiker wie für den Theologen Eckhart in Bewegung setzt. Eben dies gilt heute nicht mehr! Für einen Theologen, nicht aber für einen Philosophischen Praktiker macht der Fleisch gewordene Logos Menschen wach und lebendig. Für einen Philosophischen Praktiker ist dies das dialogische Denken, das von dem Leben und Erleben seiner Besucher in Bewegung gesetzt wird. Denn Philosophische Praxis am Anfang des 21. Jahrhunderts kennt die Vernunft allein als ein Erkenntnisorgan. Diese Vernunft ist der „Logos der Sprache" (Habermas), der sich im dialogischen Denken zeigt. Gleichwohl können Philosophische Praxis und Theologie heute „Bündnispartner" sein, denn ein Denken, das Menschen (wieder) in Bewegung bringt, widerspricht nicht dem Christentum als Lebensform bzw. der Nachfolge des Nazareners, der Menschen seit 2000 Jahren in Bewegung bringt: „Folge mir!" (Mk 2,14).

Philosophisch lebt, wer wach und lebendig ist, weil sein Denken Herz und Willen in Bewegung setzt.

Meister Eckhart
in eigenen Worten

1. Absichtslos leben

Hierum sagt das Wörtlein, das ich euch vorgelegt habe: ‚Gott hat seinen eingeborenen Sohn in die Welt gesandt‘; das dürft ihr nicht im Hinblick auf die äußere Welt verstehen, wie er mit uns aß und trank: Ihr müsst es verstehen mit Bezug auf die *innere* Welt. So wahr der Vater in seiner einfaltigen Natur seinen Sohn natürlich gebiert, so wahr gebiert er ihn in des Geistes Innigstes, und dies ist die innere Welt. Hier ist Gottes Grund mein Grund und mein Grund Gottes Grund. Hier lebe ich aus meinem Eigenen, wie Gott aus seinem Eigenen lebt. Wer in diesen Grund je nur einen Augenblick lang lugte, dem Menschen sind tausend Mark roten, geprägten Goldes [so viel] wie ein falscher Heller. Aus diesem innersten Grunde sollst du alle deine Werke wirken ohne Warum. Ich sage fürwahr: Solange du deine Werke wirkst um des Himmelreiches oder um Gottes oder um deiner ewigen Seligkeit willen, [also] von außen her, so ist es wahrlich nicht recht um dich bestellt. Man mag dich zwar wohl hinnehmen, aber das Beste ist es doch nicht. Denn wahrlich, wenn einer wähnt, in Innerlichkeit, Andacht, süßer Verzücktheit und in besonderer Begnadung Gottes mehr zu bekommen als beim Herdfeuer oder im Stalle, so tust du nicht anders, als ob du Gott nähmest, wändest ihm einen Mantel um das Haupt und schöbest ihn unter eine Bank. Denn wer Gott in einer [bestimmten] *Weise* sucht, der nimmt die Weise und verfehlt Gott, der in der Weise verborgen ist. Wer aber Gott *ohne* Weise sucht, der erfasst ihn, wie er in sich selbst ist; und ein solcher Mensch lebt mit dem Sohne, und er ist das Leben selbst. Wer das Leben fragte tausend Jahre lang: „Warum lebst du?“ – könnte es antworten, es spräche nichts anderes als: „Ich lebe darum, *dass* ich lebe.“ Das kommt daher, weil das Leben aus seinem eigenen Grunde lebt und aus seinem Eigenen quillt; darum lebt es ohne Warum eben darin, dass es [für] sich selbst lebt.

DW I Pr. 5 B, S. 71

Wer beispielsweise einen Menschen fragte: „Warum issest du?“ – „Damit ich Kraft habe“; – „Warum schläfst du?“ – „Zu demselben Zweck“; und so steht es mit allen Dingen, die in der Zeit sind. Wer aber einen guten Menschen fragte: „Warum liebst du Gott?“ – „Ich weiß es nicht, – um Gottes willen“; – „Warum liebst du die Wahrheit?“ – „Um der Wahrheit willen“; – „Warum liebst du die Gerechtigkeit?“ – „Um der Gerechtigkeit willen“; – „Warum liebst du die Gutheit?“ – „Um der Gutheit willen“; – „Warum lebst du?“ – „Traun, ich weiß es nicht. [Aber] ich lebe gerne!“

DW I Pr. 26, S. 297

Alle Gebote Gottes kommen aus der Liebe und aus der Güte seiner Natur; denn kämen sie nicht aus der Liebe, so könnten sie nicht Gottes Gebot sein; Gottes Gebot ist ja doch die Güte seiner Natur, und seine Natur ist seine Güte in seinem Gebot. Wer nun wohnt in der

Güte seiner Natur, der wohnt in Gottes Liebe; die Liebe aber hat kein Warum. Hätte ich einen Freund und liebte ich ihn darum, dass mir Gutes von ihm geschähe und mein voller Wille, so liebte ich nicht meinen Freund, sondern mich selbst. Ich soll meinen Freund lieben um seiner eigenen Güte und um seiner eigenen Tugenden und um alles dessentwillen, was er in sich selbst ist: Dann [erst] liebe ich meinen Freund recht, wenn ich ihn so, wie eben gerade gesagt wurde, liebe. Ganz so steht es bei dem Menschen, der da in Gottes Liebe steht, der des Seinen nichts sucht an Gott noch an sich selbst noch an irgendwelchen Dingen und Gott allein um seiner eigenen Güte und um der Güte seiner Natur und um alles dessentwillen liebt, was er in sich selbst ist; und *das* ist rechte Liebe.

DW I Pr. 28, S. 317/319

Bischof Albrecht sagt, *das* sei ein armer Mensch, der an allen Dingen, die Gott je erschuf, kein Genügen habe – und das ist gut gesagt. Wir aber sagen es noch besser und nehmen Armut in einem [noch] höheren Verstande: Das ist ein armer Mensch, der nichts *will* und nichts *weiß* und nichts *hat*. Von diesen drei Punkten wollen wir sprechen, und ich bitte euch um der Liebe Gottes willen, dass ihr diese Wahrheit versteht, wenn ihr könnt; versteht ihr sie aber nicht, so bekümmert euch deswegen nicht, denn ich will von so gearteter Wahrheit sprechen, wie sie nur wenige gute Leute verstehen werden.

Zum ersten sagen wir, dass der ein armer Mensch sei, der nichts *will*.

DW I Pr. 52, S. 551/553

Vollkommene Abgeschiedenheit hat kein Absehen auf irgendwelche Neigung unter irgendeine Kreatur noch über irgendeine Kreatur; sie will weder drunter noch drüber sein, sie will aus sich selbst dastehen, niemand zu Liebe noch zu Leide, und will weder Gleichheit noch Ungleichheit mit irgendeiner Kreatur haben noch dies und das: Sie will nichts anderes als sein. Dass sie aber dies oder das sein möchte, das will sie nicht; denn wer dies oder das sein will, der will etwas sein, Abgeschiedenheit hingegen will nichts sein. Daher bleiben alle Dinge von ihr unbeschwert.

DW II Tr. 3, S. 439

2. Mystagoge und Philosophischer Praktiker

Wir wollen ein wenig mehr über das Wort sprechen, das er sagt: ‚Ich sende‘. *Eine* Schrift verschweigt das Wort ‚ich‘ [nämlich Luk. 7,27], die andere aber spricht das Wort ‚ich‘ aus [Mal. 3,1]. Der Prophet sagt: ‚*Ich* sende meinen Engel‘; der Evangelist aber verschweigt das Wort ‚ich‘ und sagt: ‚Sehet, sende meinen Engel‘. Was mag das nun meinen [= bedeuten], dass die eine Schrift den Namen ‚ich‘ verschweigt? Es zielt zum ersten auf die Unaussprechlichkeit Gottes, dass Gott unnennbar ist und über alle Benennungen hinaus in der Lauterkeit seines Grundes, wo Gott keine Benennung noch Aussage zu haben vermag, wo er für alle Kreaturen unaussprechlich und unaussagbar ist. Zum andern will es besagen, dass [auch] die *Seele* unaussprechbar und ohne [adäquate] Benennung [= wortlos] ist; wo sie sich in ihrem eigenen Grunde erfasst, da ist sie unaussprechlich und unaussagbar und kann dort keine Benennung haben, denn dort ist sie über alle Benennungen und über alle Aussagen [erhaben]. *Dies* ist gemeint, wenn das Wort ‚ich‘ verschwiegen wird, denn sie findet dort weder Benennung noch Aussage. Das dritte [weshalb der Evangelist das ‚ich‘ auslässt, ist darin begründet], dass Gott und die Seele so völlig eins sind, dass Gott nichts Eigenes haben kann, wodurch er von der Seele getrennt oder irgendetwas anderes wäre, so dass er [= der Evangelist] eben nicht sagen kann ‚*ich* sende meinen Engel‘, so dass er [durch solches Hinzufügen des ‚ich‘] etwas anderes wäre gegenüber der Seele. Denn wenn er ‚ich‘ gesagt hätte, so hätte er [eben dadurch] etwas anderes gegenüber der Seele gemeint. Aus *diesem* Grunde verschweigt man den Namen ‚ich‘, weil er und die Seele so völlig eins sind, dass Gott nichts Eigenes haben kann, so dass weder etwas noch nichts von Gott ausgesagt werden kann, das Unterschiedenheit oder Andersheit aufweisen könnte.

DW II Pr. 77, S. 141

Ein heidnischer Meister, Seneca, spricht: Man soll von großen und hohen Dingen mit großen und hohen Sinnen sprechen und mit erhabener Seele. Auch wird man sagen, dass man solche Lehren nicht für Ungelehrte sprechen und schreiben solle. Dazu sage ich: Soll man nicht ungelehrte Leute lehren, so wird niemals wer gelehrt, und so kann niemand dann lehren oder schreiben. Denn darum belehrt man die Ungelehrten, dass sie aus Ungelehrten zu Gelehrten werden. Gäbe es nichts Neues, so würde nichts Altes. ‚Die gesund sind‘, sagt unser Herr, ‚bedürfen der Arznei nicht‘ [Luk. 5,31]. Dazu ist der Arzt da, dass er die Kranken gesund mache. Ist aber jemand, der diese Worte unrecht versteht, was kann der Mensch dafür, der dieses Wort, das recht ist, recht äußert? Sankt Johannes verkündet das heilige Evangelium allen Gläubigen und auch allen Ungläubigen, auf dass sie gläubig werden, und doch beginnt er das Evangelium mit dem Höchsten, das ein Mensch über Gott hier auszusagen vermag; und oft sind denn auch seine sowie unseres Herrn Worte unrecht aufgefasst worden.

Der liebreiche, barmherzige Gott, die Wahrheit selbst, gebe mir und allen denen, die dies Buch lesen werden, dass wir die Wahrheit in uns finden und gewahr werden. Amen.

DW II Tr. 1, S. 313

3. Zweifache Vernunft

Nun nehmen wir's [= das Erkennen], wie's in der Seele ist, die ein Tröpflein Vernunft, ein „Fünklein", einen „Zweig" besitzt. Sie [= die Seele] hat Kräfte, die im Leibe wirken. Da ist eine Kraft, mit Hilfe derer der Mensch verdaut; die wirkt mehr in der Nacht als am Tage; kraft derer nimmt der Mensch zu und wächst. Die Seele hat weiterhin eine Kraft im Auge; durch die ist das Auge so subtil und so fein, dass es die Dinge nicht in der Grobheit aufnimmt, wie sie an sich selbst sind; sie müssen vorher gesiebt und verfeinert werden in der Luft und im Lichte; das kommt daher, weil es [= das Auge] die Seele bei sich hat. Eine weitere Kraft ist in der Seele, mit der sie denkt. Diese Kraft stellt in sich die Dinge vor, die nicht gegenwärtig sind, so dass ich diese Dinge ebenso gut erkenne, als ob ich sie mit den Augen sähe, ja, noch besser – ich kann mir eine Rose sehr wohl [auch] im Winter denkend vorstellen –, und mit dieser Kraft wirkt die Seele im Nichtsein und folgt darin Gott, der im Nichtsein wirkt.

DW I Pr. 9, S. 111

,Steh auf, Jerusalem, und erhebe dich und werde erleuchtet.' Die Meister und die Heiligen sagen gemeinhin, dass die Seele drei Kräfte habe, womit sie der Dreifaltigkeit gleiche. Die erste Kraft ist das Gedächtnis, womit ein geheimes, verborgenes Wissen gemeint ist; die bezeichnet den Vater. Die andere Kraft heißt intelligentia, das ist eine Vergegenwärtigung, ein Erkennen, eine Weisheit. Die dritte Kraft heißt Wille, eine Flut des Heiligen Geistes.

DW I Pr. 14, S. 165

Die Meister sagen, dass aus dem obersten Teil der Seele zwei Kräfte ausfließen. Die eine heißt Wille, die andere Vernunft. Die höchste Vollendung dieser Kräfte [aber] liegt in der obersten Kraft, die da Vernunft heißt; die kann niemals zur Ruhe kommen. Sie erstrebt Gott nicht, sofern er der Heilige Geist ist und [auch nicht,] sofern er der Sohn ist: Sie flieht den Sohn. Sie will auch Gott nicht, sofern er Gott ist. Warum? Weil er da [als solcher noch] einen Namen hat. Und gäbe es tausend Götter, sie bricht immerfort hindurch, sie will ihn dort, wo er *keinen* Namen hat: Sie will etwas Edleres, etwas Besseres als Gott, sofern er [noch] Namen hat. Was will sie denn? Sie weiß es nicht: Sie will ihn, wie er *Vater* ist. Deshalb spricht Sankt Philippus: ‚Herr, zeige uns den Vater, dann genügt es uns' [Joh. 14,8]. Sie will ihn, wie er ein Mark ist, aus dem die Gutheit entspringt; sie will ihn, wie er ein Kern ist, aus dem die Gutheit ausfließt; sie will ihn, wie er eine Wurzel ist, eine Ader, in der die Gutheit entspringt, und dort nur ist er *Vater*.

DW I Pr. 26, S. 299/301

Über die Gedanken hinaus aber geht die Vernunft, soweit sie noch sucht. Sie geht ringsum und sucht: Sie späht hier- und dorthin, und sie nimmt zu und ab. Über dieser Vernunft aber, die [noch] sucht, ist noch eine andere Vernunft, die da nicht [mehr] sucht, die da in ihrem lauteren, einfaltigen Sein steht, das in jenem Lichte umfangen ist. Und ich sage, dass in diesem Lichte *alle* Kräfte der Seele sich erhöhen. Die Sinne springen auf in die Gedanken: Wie hoch [aber] und wie unergründlich die sind, das weiß niemand als Gott und die Seele.

Unsere Meister sagen – und es ist eine schwere Frage –, dass selbst die Engel von den Gedanken nichts wissen, dafern sie nicht ausbrechen und emporsteigen in die Vernunft, die sucht, und die Vernunft, die sucht, in die Vernunft emporspringt, die nicht mehr sucht, die vielmehr in sich selbst ein lauteres Licht ist. Dieses Licht umfasst in sich alle Kräfte der Seele. Darum sagt er: ,Das Licht des Himmels umleuchtete ihn.'

DW II Pr. 71, S. 67

Die Seele hat etwas in sich, ein „Fünklein" der Erkenntnisfähigkeit, das nimmer erlischt, und in dieses „Fünklein" als in das oberste Teil des „Gemütes" verlegt man das „Bild" der Seele; es gibt aber auch in unseren Seelen ein auf äußere Dinge gerichtetes Erkennen, nämlich das sinnenhafte und verstandesmäßige Erkennen, das [ein Erkennen] in Vorstellungsbildern und in Begriffen ist und das uns jenes [Erkennen] verbirgt. Wie [aber nun] sind wir ‚Söhne Gottes‘? Dadurch, dass wir *ein* Sein mit ihm haben. Dass wir indessen *etwas* davon erkennen, dass wir der Sohn Gottes sind, dazu muss man äußeres und inneres Erkennen zu unterscheiden wissen. Das *innere* Erkennen ist jenes, das sich als vernunftartig im Sein unserer Seele fundiert; indessen *ist* es nicht der Seele Sein, vielmehr *wurzelt* es darin und ist etwas vom *Leben* der Seele, *denn* wir sagen, dass das Erkennen sei etwas vom Leben der Seele, das heißt *vernünftiges Leben*, und in *diesem* Leben wird der Mensch als Gottes Sohn und zum ewigen Leben geboren; und dieses Erkennen ist [= geschieht] ohne Zeit und Raum, ohne „Hier“ und ohne „Nun“. In *diesem* Leben sind alle Dinge eins, alle Dinge miteinander alles und alles in allem und ganz geeint.

DW II Pr. 76, S. 129

4. Christentum und Philosophie als Lebensform

Er [= Sankt Johannes] sagt: ‚auf dem Berge‘. Wie soll es geschehen, dass man zu dieser Lauterkeit komme? Sie waren Jungfrauen und waren oben auf dem Berge und waren dem Lamm angetraut und allen Kreaturen versagt und folgten dem Lamm nach, wohin immer es ging. Manche Leute folgen dem Lamm nach, solange es ihnen wohl geht; geht es aber nicht nach ihrem Willen, so kehren sie um. In diesem Sinne aber ist es nicht gemeint, denn er spricht: ‚Sie folgten dem Lamm nach, wohin es immer ging.' Bist du eine Jungfrau und bist du dem Lamm angetraut und allen Kreaturen versagt, so folgst du dem Lamm nach, wohin immer es geht; nicht, wenn dir Leiden erwächst durch deine Freunde oder durch dich selbst infolge irgendwelcher Versuchung, dass du dann aus der Fassung gebracht werdest.

DW I Pr. 13, S. 153/155

Dies ist die wesenhafte [seiende] Vernunft Gottes, die die lautere, reine Kraft *intellectus* ist, die die Meister ein „Empfängliches" nennen.

DW II Pr. 67, S. 27

Drei Dinge ließen Maria zu den Füßen Christi sitzen. Das eine war [dies], dass die Güte Gottes ihre Seele umfangen hatte. Das zweite war ein unaussprechliches Verlangen: Sie sehnte sich und wusste nicht, wonach, und wünschte, ohne zu wissen, was. Das dritte war der süße Trost und die Beglückung, die sie aus den ewigen Worten schöpfte, die da aus dem Munde Christi rannen.

Auch Martha trieben drei Dinge, die sie umhergehen und dem lieben Christus dienen ließen. Das eine war ein gereiftes Alter und ein bis ins Alleräußerste durchgeübter [Seins-]Grund; deshalb dünkte sie, dass niemandem das Tätigsein so gut anstünde wie ihr. Das zweite war eine weise Besonnenheit, die das äußere

Werk recht auszurichten wusste auf das Allerhöchste, das die Liebe gebietet. Das dritte war die hohe Würde des lieben Gastes.

Die Meister sagen, dass Gott einem jeglichen Menschen bereitstehe für sein geistiges wie für sein sinnliches Genügen bis ins Letzte, wonach er begehrt. Dass Gott uns in geistigem Bezug genugtue und dass er uns auch unserer Sinnennatur nach genugtue, das kann man an den lieben Freunden Gottes [deutlich] unterscheiden. Der Sinnennatur genugtun, das heißt, dass uns Gott Trost gibt, Beglückung und Befriedigung; und darin verzärtelt zu sein, das geht den lieben Freunden Gottes ab im Bereich der niederen Sinne. *Vernunftgemäßes* Genügen aber, das ist [Genügen] im Geiste. Ich spreche dann von geistigem Genügen, wenn durch alle Beglückung der oberste Wipfel der Seele nicht herabgebeugt wird, so dass er nicht ertrinkt im Wohlgefühl, vielmehr machtvoll darübersteht. Dann [nur] befindet sich der Mensch in geistigem Genügen, wenn Lieb und Leid der Kreatur den obersten Wipfel [der Seele] nicht herabzubeugen vermögen. „Kreatur" aber nenne ich alles, was man unterhalb Gottes wahrnimmt und sieht.

Nun sagt Martha: ‚Herr, heiß [sie], dass sie mir helfe.' Dies sprach Martha nicht aus Unwillen; sie sprach es vielmehr aus liebendem Wohlwollen, durch das sie gedrängt wurde. Wir müssen's [nun wohl] liebendes Wohlwollen oder eine liebenswürdige Neckerei nennen. Wieso? Gebt acht! Sie sah, dass Maria in Wohlgefühl schwelgte zu ihrer Seele [vollem] Genügen.

Martha kannte Maria besser als Maria Martha, denn *sie* hatte [schon] lange und *recht gelebt;* denn das Leben gibt das edelste Erkennen. Das *Leben* erkennt besser als Lust oder Licht [es vermögen], alles, was man in diesem Leben unterhalb Gottes [= abgesehen von Gott] erlangen kann, und in gewisser Weise reiner, als es das Licht der Ewigkeit zu verleihen vermag. Das Licht der Ewigkeit [nämlich] lässt uns immer [nur] uns selbst *und* Gott erkennen, nicht aber uns selbst *ohne* Gott; das *Leben* aber gibt uns selbst zu erkennen *ohne* Gott [= unter Absehung von Gott]. Wo es [= das Leben] nur *sich selbst* im Blick hat, da nimmt es den Unterschied von Gleich und Ungleich schärfer wahr. Das bezeugen Sankt Paulus [einerseits] und anderseits die heidnischen Meister: Sankt Paulus schaute in seiner Verzückung Gott *und* sich selber in Gott in [rein] geistiger [Erkenntnis-]Weise; und doch erkannte er in ihm [= in Gott] nicht eine jegliche Tugend in bildhafter Anschauung aufs Genaueste; und das kam daher, weil er sie [vor seiner Bekehrung] nicht in Werken geübt hatte. Die [heidnischen] Meister [hingegen] gelangten durch Übung der Tugenden zu so hoher Erkenntnis, dass sie eine jegliche Tugend anschaulich genauer erkannten als Paulus oder irgendein Heiliger in seiner ersten Verzückung.

DW II Pr. 86, S. 209/211

Noch auf einen andern Sinn dessen, was der „edle Mensch" sei, will ich zu sprechen kommen und eingehen. Ich sage: Wenn der Mensch, die Seele, der Geist Gott schaut, so weiß und erkennt er sich auch als erkennend, das heißt: Er erkennt, dass er Gott schaut und erkennt. Nun hat es etliche Leute bedünkt, und es scheint auch ganz glaubhaft, dass Blume und Kern der Seligkeit in jener Erkenntnis liegen, bei der der Geist erkennt, *dass* er Gott erkennt; denn wenn ich alle Wonne hätte und wüsste nicht darum, was hülfe mir das und was für eine Wonne wäre mir das? Doch sage ich mit Bestimmtheit, dass dem nicht so ist. Ist es gleich wahr, dass die Seele ohne dies wohl nicht selig wäre, so ist doch die Seligkeit nicht darin gelegen; denn das Erste, worin die Seligkeit besteht, ist dies, dass die Seele Gott unverhüllt schaut. Darin empfängt sie ihr ganzes Sein und ihr Leben und schöpft alles, was sie ist, aus dem Grunde Gottes und weiß nichts vom Wissen noch von Liebe noch von irgendetwas überhaupt.

DW II Tr. 1, S. 329

Dieses wahrhafte Haben Gottes liegt am Gemüt und an einem innigen, geistigen Sich-Hinwenden und Streben zu Gott, nicht [dagegen] an einem beständigen, gleichmäßigen Darandenken; denn das wäre der Natur unmöglich zu erstreben und sehr schwer und zudem nicht das Allerbeste. Der Mensch soll sich nicht genügen lassen an einem *gedachten* Gott; denn wenn der Gedanke vergeht, so vergeht auch der Gott. Man soll vielmehr einen *wesenhaften*

Gott haben, der weit erhaben ist über die Gedanken des Menschen und aller Kreatur. *Der* Gott vergeht nicht, der Mensch wende sich denn mit Willen von ihm ab.

Wer Gott so, [d. h.] im Sein, hat, der nimmt Gott göttlich, und dem leuchtet er in allen Dingen; denn alle Dinge schmecken ihm nach Gott, und Gottes Bild wird ihm aus allen Dingen sichtbar. In ihm glänzt Gott allzeit, in ihm vollzieht sich eine loslösende Abkehr und eine Einprägung seines geliebten, gegenwärtigen Gottes. Vergleichsweise so, wie wenn es einen in rechtem Durst heiß dürstet: So mag der wohl anderes tun als trinken, und er mag auch wohl an andere Dinge denken; aber was er auch tut und bei wem er sein mag, in welchem Bestreben oder welchen Gedanken oder welchem Tun, so vergeht ihm doch die Vorstellung des Trankes nicht, solange der Durst währt; und je größer der Durst ist, umso stärker und eindringlicher und gegenwärtiger und beharrlicher ist die Vorstellung des Trankes. Oder wer da etwas heiß mit ganzer Inbrunst so liebt, dass ihm nichts anderes gefällt und zu Herzen geht als [eben] dies, und er nur nach diesem verlangt und nach sonst gar nichts: ganz gewiss, wo immer ein solcher Mensch sein mag oder bei wem oder was er auch beginnt oder was er tut, nimmer erlischt doch in ihm das, was er so sehr liebt, und in allen Dingen findet er [eben] dieses Dinges Bild, und dies ist ihm umso stärker gegenwärtig, je mehr die Liebe stärker und stärker wird. Ein solcher Mensch sucht nicht Ruhe, denn ihn behindert keine Unruhe.

DW II Tr. 2, S. 349/351

5. Die gemeinsame Quelle von Nachfolge und philosophischer Lebensführung

Der Vater gebiert seinen Sohn im ewigen Erkennen, und ganz so gebiert der Vater seinen Sohn in der Seele wie in seiner eigenen Natur, und er gebiert ihn der Seele zu eigen, und sein Sein hängt daran, dass er in der Seele seinen Sohn gebäre, es sei ihm lieb oder leid. Ich ward einst gefragt, was der Vater im Himmel täte. Da sagte ich: Er gebiert seinen Sohn, und dieses Tun ist ihm so lustvoll und gefällt ihm so wohl, dass er nie etwas anderes tut als seinen Sohn gebären, und sie beide blühen den Heiligen Geist aus. Wo der Vater seinen Sohn in mir gebiert, da bin ich derselbe Sohn und nicht ein anderer; wir sind wohl verschieden im Menschsein, dort aber bin ich derselbe Sohn und nicht ein anderer. ‚Wo wir Söhne sind, da sind wir rechte Erben' [Röm. 8,17]. Wer die Wahrheit recht erkennt, der weiß wohl, dass das Wort „Vater" ein lauteres Gebären und ein Söhne-Haben in sich trägt. Darum sind wir hierin Sohn und sind derselbe Sohn.

DW I Pr. 4, S. 55

Eine Kraft ist in der Seele, von der ich schon öfter gesprochen habe – wäre die Seele ganz so, so wäre sie ungeschaffen und unerschaffbar. Nun ist dem nicht so. Mit dem übrigen Teil [ihres Seins] hat sie ein Absehen auf und ein Anhangen an die Zeit, und da[-mit] berührt sie die Geschaffenheit und ist geschaffen – [es ist] die Vernunft: Dieser Kraft ist nichts fern noch draußen.

Was jenseits des Meeres ist oder über tausend Meilen entfernt, das ist ihr ebenso eigentlich bekannt und gegenwärtig wie diese Stätte, an der ich stehe. Diese Kraft ist eine Jungfrau und folgt dem Lamm nach, wohin es auch geht. Diese Kraft nimmt Gott ganz entblößt in seinem wesenhaften Sein; sie ist eins in der Einheit, nicht gleich in der Gleichheit.

DW I Pr. 13, S. 159

Was ist Wahrheit? Der Sohn allein ist *die* Wahrheit und nicht der Vater noch der Heilige Geist, außer, soweit sie *eine* Wahrheit sind in ihrem Sein. Es ist Wahrheit, wenn immer ich das offenbare, was ich in meinem Herzen trage, und das mit dem Munde aussage, so wie ich es in meinem Herzen habe, ohne Heuchelei und ohne Verdecktheit. Diese Offenbarung, das ist Wahrheit. So denn ist der Sohn allein die Wahrheit. Alles, was der Vater hat und zu bieten vermag, das spricht er ganz und gar in seinen Sohn. Diese Offenbarung und diese Wirkung, das ist Wahrheit. Hierum spricht er [= David]: ‚in der Wahrheit‘.

Nun spricht Sankt Paulus: ‚Freut euch in dem Herrn!‘, und danach sagt er: ‚Eure Gedanken mögen bei dem Herrn erkannt werden‘, das heißt: in *dieser Wahrheit* [als dem Sohn] bei dem Vater. Glaube steckt im Lichte der Vernunft, Hoffnung steckt in der strebenden Kraft, die allzeit in das Höchste und in das Lauterste aufstrebt: in die Wahrheit.

DW I Pr. 34, S. 373/375

Noch ein Wörtchen mehr über: Was ist ‚die Freude des Herrn‘? Eine wunderliche Frage! Wie könnte man das erklären oder aussagen, was niemand verstehen noch erkennen kann? Gleichviel – [ich will] dennoch ein weniges darüber [sagen]. ‚Die Freude des Herrn‘, [nun,] das ist *der Herr selbst* und nichts anderes; und der *Herr* ist eine lebendige, wesenhafte, seiende Vernunft, die sich selbst begreift und selbst in sich selbst ist und lebt und dasselbe ist. Hiermit habe ich [ihm] keinerlei „Weise“ beigelegt, sondern ich habe ihm alle „Weisen“ abgenommen, so wie er selbst Weise *ohne* Weise ist und lebt und froh ist darüber, *dass* er ist. Seht, *dies* ist ‚die Freude des Herrn‘, und *sie ist der Herr selbst,* und da hinein hieß er diesen Knecht gehen, wie er selbst gesagt hat: ‚Geh ein, guter und getreuer Knecht, in die Freude deines Herrn; weil du getreu gewesen bist über Kleines, darum will ich dich setzen über alles mein Gut.‘

DW II Pr. 66, S. 21

Nun könntest du sagen: Unser Herr Jesus Christus, der hatte allemal die höchste Weise; dem sollten wir von Rechts wegen stets nachfolgen.

Das ist wohl wahr. Unserm Herrn soll man billigerweise nachfolgen und doch nicht in *jeder* Weise. Unser Herr, der fastete vierzig Tage; niemand aber soll es unternehmen, ihm darin zu folgen. Christus hat viele Werke getan in der Meinung, dass wir ihm geistig und nicht leiblich nachfolgen sollen. Darum soll man beflissen sein, dass man ihm in geistiger Weise nachfolgen könne;

denn er hat es mehr abgesehen auf unsere Liebe als auf unsere Werke. Wir sollen ihm je auf *eigene* Weise nachfolgen.

Wie denn?

Hör zu: In *allen* Dingen! – Wie und in welcher Weise? – So wie ich's schon oft gesagt habe: Ich erachte ein geistiges Werk für viel besser als ein leibliches.

DW II Tr. 2, S. 387/389

6. WAS DAS DENKEN IN BEWEGUNG SETZT

Wenn wir Gott im Sein nehmen, so nehmen wir ihn in seinem Vorhof, denn das Sein ist sein Vorhof, in dem er wohnt. Wo ist er denn aber in seinem Tempel, in dem er als heilig erglänzt? *Vernunft* ist ‚der Tempel Gottes'. Nirgends wohnt Gott eigentlicher als in seinem Tempel, in der Vernunft, wie jener andere Meister sagte: Gott sei eine Vernunft, die da lebt im Erkennen einzig ihrer selbst, nur in sich selbst verharrend dort, wo ihn nie etwas berührt hat; denn da ist er allein in seiner Stille. Gott erkennt im Erkennen seiner selbst sich selbst in sich selbst.

DW I Pr. 9, S. 109/111

Er war der Sohn einer Witwe. Der Mann war tot, darum war auch der Sohn tot. Der einzige Sohn der Seele, das ist der Wille und sind alle die Kräfte der Seele; sie

sind alle eins im Innersten der Vernunft. Vernunft, das
ist der Mann in der Seele. Da nun der Mann tot ist,
darum ist auch der Sohn tot. Zu diesem toten Sohne
sprach unser Herr: ‚Ich sage zu dir, Jüngling, steh auf!‘
Das ewige Wort und das lebendige Wort, in dem alle
Dinge leben und das alle Dinge erhält, das sprach das
Leben in den Toten, ‚und er richtete sich auf und begann
zu sprechen‘. Wenn das Wort in die Seele spricht und die
Seele antwortet in dem lebendigen Worte, dann wird
der Sohn lebendig in der Seele.

DW I Pr. 18, S. 211

Nun hört mir gut zu! Vernunft blickt hinein und durch-
bricht alle Winkel der Gottheit und nimmt den Sohn
im Herzen des Vaters und im [göttlichen] Grunde und
setzt ihn in ihren Grund. Vernunft dringt [in den Grund
der Gott*heit*], ihr genügt’s nicht an Gutheit noch an
Weisheit noch an Wahrheit noch an Gott selber. Ja, in
voller Wahrheit: Ihr genügt’s so wenig an Gott wie an
einem Stein oder an einem Baum. Sie ruht nimmer, sie
bricht ein in den [göttlichen] Grund, wo Gutheit und
Wahrheit ausbrechen, und nimmt es [= das göttliche
Sein] *in principio,* im Beginn, wo Gutheit und Wahrheit
ihren Ausgang nehmen, noch ehe es irgendeinen Namen gewinnt, ehe es ausbricht, [nimmt es] in einem
viel höheren Grunde, als es Gutheit und Weisheit sind.
Ihrer Schwester aber, dem Willen, dem genügt’s wohl
an Gott, sofern er *gut* ist. Die Vernunft aber, die scheidet dies alles ab und dringt ein und bricht durch in die

Wurzel, wo der Sohn ausquillt und der Heilige Geist ausblüht.

Dass wir dies begreifen und ewiglich selig werden, dazu helfe uns der Vater und der Sohn und der Heilige Geist. Amen.

DW II Pr. 69, S. 53/55

Das Licht aber, das von der Vernunft ausfließt, ist der [diskursive] Verstand, und es ist recht wie ein Ausfluss und ein Ausbruch oder ein Strom gegenüber dem, was die Vernunft in sich selbst, in ihrem Wesen ist. Und dieser Ausbruch [des Verstandes aus der Vernunft] ist so weit davon [= von der Vernunft] entfernt wie der Himmel über der Erde. Ich äußere es oft und denke es noch öfter: Es ist ein Wunder, dass Gott Vernunft in die Seele gegossen hat.

DW II Pr. 73, S. 93

Nun [aber] sagen unsere biederen Leute, man müsse so vollkommen werden, dass uns keinerlei Freude mehr bewegen könne und man unberührbar sei für Freude und Leid. Sie tun unrecht daran. *Ich* [aber] sage, dass es nie einen noch so großen Heiligen gegeben hat, der nicht hätte bewegt werden können. Indessen sage ich demgegenüber auch: Wohl wird es einem Heiligen [schon] in diesem Leben zuteil, dass ihn nichts von Gott abzubringen vermag. Ihr wähnt, solange Worte euch zu Freude und zu Leid zu bewegen vermögen, seiet ihr unvollkommen. Dem ist nicht so. [Selbst] Christus war *das* nicht eigen; das ließ er erkennen, als er sprach: ‚Meine Seele ist betrübt bis in den Tod‘ [Matth. 26,38]. Christus taten Worte so weh, dass, wenn aller Kreaturen Weh auf eine [einzige] Kreatur gefallen wäre, dies nicht so schlimm gewesen wäre, wie es Christus weh war; und das kam vom Adel seiner Natur und von der heiligen Vereinigung göttlicher und menschlicher Natur [in ihm]. Daher sage ich, dass es noch nie einen Heiligen gegeben hat, noch dass es je einer erreichen kann, dass ihm Pein nicht weh täte und Liebes nicht wohl. Wohl kommt es hie und da vor, bewirkt durch die Liebe und Zuneigung und Gnade, dass, wenn einer daherkäme und zu einem [andern] sagte, er sei ein Ketzer oder sonst etwas, wie's ihm beliebte, und wenn dann der [betroffene] Mensch mit Gnade übergossen wäre, er ganz gleichmütig in Lieb und in Leid stünde. Und wiederum bringt es ein Heiliger wohl dahin, dass ihn nichts von Gott abzubringen vermag, so dass, obzwar das Herz gepeinigt wird, während der Mensch *nicht* in der Gnade steht, der Wille doch einfaltiglich in Gott verharrt und spricht: „Herr, ich [gehöre] dir und du [gehörst] mir.“ Was immer dann einen [solchen Menschen] befällt, das behindert nicht die ewige Seligkeit, solange es nicht den obersten Wipfel des Geistes befällt dort oben, wo er mit Gottes allerliebstem Willen vereint steht.

DW II Pr. 82, S. 225/227

Der Mensch soll auch nie ein Werk so gut beurteilen noch als so recht ausführen, dass er je so frei oder so selbstsicher in den Werken werde, dass seine Vernunft je müßig werde oder einschlafe. Er soll sich ständig mit den beiden Kräften der Vernunft und des Willens erheben und darin sein Allerbestes im höchsten Grade ergreifen und sich äußerlich und innerlich gegen jeden Schaden besonnen vorsehen; dann versäumt er nie etwas in irgendwelchen Dingen, sondern er nimmt ohne Unterlass in hohem Grade zu.

DW II Tr. 2, S. 357

7. Die schöpferische Kraft der Vernunft

Ich habe bisweilen gesagt, es sei eine Kraft im Geiste, die sei allein frei. Bisweilen habe ich gesagt, es sei eine Hut des Geistes; bisweilen habe ich gesagt, es sei ein Licht des Geistes; bisweilen habe ich gesagt, es sei ein Fünklein. Nun aber sage ich: Es ist weder dies noch das; trotzdem ist es ein Etwas, das ist erhabener über dies und das als der Himmel über der Erde. Darum benenne ich es nun auf eine edlere Weise, als ich es je benannte, und doch spottet es sowohl solcher Edelkeit wie der Weise und ist darüber erhaben. Es ist von allen Namen frei und aller Formen bloß, ganz ledig und frei, wie Gott ledig und frei ist in sich selbst. Es ist so völlig eins und einfaltig, wie Gott eins und einfaltig ist, so dass man mit keinerlei *Weise* dahinein zu lugen vermag. Jene nämliche Kraft, von der ich gesprochen habe, darin Gott blühend und grünend ist mit seiner ganzen Gottheit und der Geist in Gott, in dieser selben Kraft gebiert der Vater seinen eingeborenen Sohn so wahrhaft wie in sich selbst, denn er lebt wirklich in dieser Kraft, und der Geist gebiert mit dem Vater denselben eingeborenen Sohn und sich selbst als denselben Sohn und ist derselbe Sohn in diesem Lichte und ist die Wahrheit. Könntet ihr mit meinem Herzen erkennen, so verstündet ihr wohl, was ich sage; denn es ist wahr, und die Wahrheit sagt es selbst.

Seht, nun merkt auf! So eins und einfaltig ist dies „Bürglein" in der Seele, von dem ich spreche und das ich im Sinn habe, über alle Weise erhaben, dass jene edle Kraft, von der ich gesprochen habe, nicht würdig ist, dass sie je ein einziges Mal [nur] einen Augenblick in dies Bürglein hineinluge, und auch die andere Kraft, von der ich sprach, darin Gott glimmt und brennt mit all seinem Reichtum und mit all seiner Wonne, die wagt auch nimmermehr da hineinzulugen; so ganz eins und einfaltig ist dies Bürglein und so erhaben über alle Weise und alle Kräfte ist dies einige Eine, dass niemals eine Kraft oder eine Weise hineinzulugen vermag noch Gott selbst.

DW I Pr. 2, S. 33/35

Der Vater gebiert seinen Sohn in der Ewigkeit sich selbst gleich. ‚Das Wort war bei Gott, und Gott war das Wort' [Joh. 1,1]: Es war dasselbe in derselben Natur. Noch sage ich überdies: Er hat ihn geboren aus meiner Seele.

Nicht allein ist sie bei ihm und er bei ihr als gleich, sondern er ist in ihr; und es gebiert der Vater seinen Sohn in der Seele in derselben Weise, wie er ihn in der Ewigkeit gebiert, und nicht anders. Er muss es tun, es sei ihm lieb oder leid. Der Vater gebiert seinen Sohn ohne Unterlass, und ich sage mehr noch: Er gebiert mich als seinen Sohn und als denselben Sohn. Ich sage noch mehr: Er gebiert mich nicht allein als seinen Sohn; er gebiert mich als sich und sich als mich und mich als sein Sein und als seine Natur. Im innersten Quell, da quelle ich aus im Heiligen Geiste; da ist *ein* Leben und *ein* Sein und *ein* Werk. Alles, was Gott wirkt, das ist Eins; darum gebiert er mich als seinen Sohn ohne jeden Unterschied. Mein leiblicher Vater ist nicht eigentlich mein Vater, sondern nur mit einem kleinen Stückchen seiner Natur, und ich bin getrennt von ihm; er kann tot sein und ich leben. Darum ist der himmlische Vater in Wahrheit mein Vater, denn ich bin sein Sohn und habe alles das von ihm, was ich habe, und ich bin derselbe Sohn und nicht ein anderer. Weil der Vater [nur] *ein* Werk wirkt, darum wirkt er mich als seinen eingeborenen Sohn ohne jeden Unterschied.

DW I Pr. 6, S. 83/85

Nun will auch ich dartun, was ‚ein Mensch‘ sei. „Homo“ besagt so viel wie „ein Mensch“, dem [eine] „Substanz“ mitgegeben ist, und [sie] gibt ihm Sein und Leben und ein vernunftbegabtes Sein. Ein solchermaßen vernunftbegabter Mensch ist der, der sich selbst mit der

Vernunft begreift und in sich selbst losgelöst ist von allen Stoffen und Formen. Je mehr er losgelöst ist von allen Dingen und in sich selbst gekehrt, je mehr er alle Dinge klar mit seiner Vernunft in sich selbst erkennt, ohne Hinwendung nach außen, umso mehr ist er ein „Mensch".

DW I Pr. 15, S. 177

So auch wird das ewige Wort *innerlich* in dem *Herzen* der Seele gesprochen, im Innersten, im Lautersten, im Haupt der Seele, wovon ich neulich sprach, *in der Vernunft*: Dort innen vollzieht sich die Geburt. Wer nichts als eine volle Ahnung und eine Hoffnung hierauf hätte, der möchte gern wissen, wie diese Geburt geschieht und was dazu verhilft.

DW I Pr. 38, S. 407

In dieser Geburt wirkt Gott kraftvoll oder bewirkt er Kraft. Worauf zielt alle Kraft der Natur? – darauf, dass sie sich selbst zeugen will. Worauf zielt alle Natur, die im Gebären wirkt? – darauf, dass sie sich selbst zeugen will. Die Natur meines Vaters wollte in seiner [Vater-]Natur einen Vater hervorbringen. Als sie das nicht vermochte, wollte sie [wenigstens] ein [Etwas] hervorbringen, das ihm in allem ähnlich wäre. Als [auch] die Kraft [*dazu*] nicht ausreichte, brachte sie das Ähnlichste, das sie vermochte, hervor: das war ein Sohn. Wenn aber die Kraft noch weniger hinreicht oder sonst ein Missgeschick geschieht, dann bringt sie einen [dem Vater] noch unähnlicheren Menschen hervor. In Gott aber ist *volle* Kraft; darum bringt er in *seiner* Geburt sein Ebenbild hervor. Alles, was Gott ist an Gewalt und an Wahrheit und an Weisheit, das gebiert er vollends in die Seele.

DW I Pr. 38, S. 413

Unter dieser ‚Witwe‘ verstehen wir die Seele. Weil der ‚Mann‘ tot war, darum war auch der ‚Sohn‘ tot. Mit dem ‚Sohne‘ erfassen wir [indirekt] die Vernunft, die der ‚Mann‘ in der Seele ist. Weil sie [= die Witwe] nicht in der Vernunft *lebte*, darum war der ‚Mann‘ *tot*, und darum war sie ‚Witwe‘. ‚Unser Herr sprach zu jener Frau am Brunnen: „Geh heim und bring mir deinen Mann!“‘ [Joh. 4,16]. Er meinte: Weil sie nicht in der Vernunft lebte, die der ‚Mann‘ ist, darum ward ihr nicht ‚das lebendige Wasser‘ [Joh. 4,10] zuteil, das der Heilige Geist ist; [denn] der wird nur da [aus-]geschenkt, wo man in der Vernunft lebt. Die Vernunft ist das oberste Teil der Seele, wo sie mit den Engeln ein Mit-Sein und ein Eingeschlossen-Sein in englischer Natur hat. Die Engelsnatur berührt keine Zeit; so auch hält’s die Vernunft, die der ‚Mann‘ in der Seele ist: [auch] die berührt keine Zeit. Wenn man darin nicht *lebt*, so stirbt der ‚Sohn‘. Deshalb war sie ‚Witwe‘. [Und] warum ‚*Witwe*‘? Es gibt keine Kreatur, die nicht etwas Gutes in sich hätte und zugleich etwas Mangelhaftes, durch das man Gott verliert. Der Mangel der ‚Witwe‘ lag darin, dass das Gebärvermögen tot war; deshalb verdarb auch die Frucht.

DW I Pr. 43, S. 459

So denn gebierst du mit dem Vater ohne Unterlass in des Vaters Kraft dich selbst und alle Dinge in einem gegenwärtigen Nun.

DW I Pr. 49, S. 519

Nun sagt Christus: ,Du bist betrübt um *Vieles*, nicht um Eines.' Das will besagen: Wenn eine Seele lauter einfaltig *ohne* alles Wirken hinaufgerichtet am „Umkreis der Ewigkeit" steht, dann wird sie ,betrübt', wenn sie durch ein Etwas als durch ein [trennendes] „Mittel" behindert wird, so dass sie nicht mit [reiner] Lust dort oben zu stehen vermag. Ein solcher Mensch wird [dann] durch dieses Etwas ,betrübt', wenn er versinkt [in der] und steht *bei* der Sorge. Martha aber stand in gereifter, wohlgefestigter Tugend und in einem freien [= unbekümmerten] Gemüt, ungehindert von allen Dingen. Daher wünschte sie, dass ihre Schwester in den gleichen Stand gesetzt würde, denn sie sah, dass jene noch nicht *wesentlich* dastand. Es war ein gereifter [Seelen-]Grund, aus dem sie wünschte, dass auch jene [= Maria] in alledem [gefestigt] stünde, was zur ewigen Seligkeit gehört.

DW II Pr. 86, S. 223

Nun spricht Christus: ‚Um viel Sorge betrübst du dich.‘ Martha war so wesenhaft, dass ihr Wirken sie nicht behinderte; [ihr] Werk und Wirken führten sie [vielmehr] zur ewigen Seligkeit hin. Die [= ewige Seligkeit] ward [dabei] wohl etwas „mittelbar“ [= vermittelt]; aber eine adelige Natur und steter Fleiß und Tugenden im vorgenannten Sinne [was alles Martha besaß], sind doch [als die ewige Seligkeit vermittelnd] förderlich. [Auch] Maria ist erst [eine solche] Martha gewesen, ehe sie [die reife] Maria werden sollte; denn als sie [noch] zu Füßen unseres Herrn saß, da war sie [noch] nicht [die wahre] Maria; wohl war sie’s dem Namen nach; sie war’s aber [noch] nicht in ihrem Sein; denn sie saß [noch] im Wohlgefühl und in süßer Empfindung und war erst in die Schule genommen und *lernte leben*. Martha aber stand ganz wesenhaft da, daher sprach sie: ‚Herr, heiß sie aufstehen‘, als hätte sie sagen wollen: „Herr, ich möchte gern, dass sie nicht dasäße um des Wohlgefühls willen; ich wünschte [vielmehr], dass sie leben lernte, auf dass sie es [= das Leben] *wesenhaft* zu eigen hätte. ‚Heiß sie aufstehen‘, dass sie vollkommen werde!“ Sie hieß nicht Maria, als sie zu Füßen Christi saß. Dies [vielmehr erst] nenne ich *Maria*: einen wohlgeübten Leib, gehorsam weiser Lehre. „Gehorsam“ [aber] nenne ich dies: was immer die Einsicht gebietet, dass der Wille dies ausführe.

DW II Pr. 86, S. 227

„Mensch" in der eigenen Bedeutung des Wortes im Lateinischen bedeutet in einem Sinne den, der sich mit allem, was er ist und was sein ist, unter Gott beugt und fügt und aufwärts Gott anschaut, nicht das Seine, das er hinter, unter, neben sich weiß. Dies ist volle und eigentliche Demut; diesen Namen hat er von der Erde. Davon will ich nun nicht weiter sprechen. Wenn man „Mensch" sagt, so bedeutet dieses Wort auch etwas, was über die Natur, über die Zeit und über alles, was der Zeit zugekehrt ist oder nach Zeit schmeckt, erhaben ist, und das Gleiche sage ich auch mit Bezug auf Raum und Körperlichkeit. Überdies noch hat dieser „Mensch" in gewisser Weise mit nichts etwas gemein, das heißt, dass er weder nach diesem noch nach jenem gebildet oder verähnlicht sei und vom Nichts nichts wisse, so dass man in ihm nirgends vom Nichts etwas finde noch gewahr werde und dass ihm das Nichts so völlig benommen sei, dass man da einzig finde reines Leben, Sein, Wahrheit und Gutheit. Wer so geartet ist, der ist ein „edler Mensch", fürwahr, nicht weniger und nicht mehr.

DW II Tr. 1, S. 327

8. Der „dritte Weg"

Ein Meister sagt: Die Seele ist dazu dem Leibe gegeben, dass sie geläutert werde. Die Seele, wenn sie vom Leibe geschieden ist, hat weder Vernunft noch Willen: Sie ist eins, sie vermöchte nicht die Kraft aufzubringen, mit der sie sich zu Gott kehren könnte; sie hat sie [= Vernunft und Willen] wohl in ihrem Grunde als in deren Wurzel, nicht aber in ihrem Wirken. Die Seele wird im Körper geläutert, auf dass sie sammele, was zerstreut und herausgetragen ist. Wenn das, was die fünf Sinne hinaustragen, wieder in die Seele hereinkommt, so hat sie eine Kraft, in der es alles eins wird. Zum andern wird die Seele geläutert in der Übung der Tugenden, das heißt, wenn die Seele hinaufklimmt in ein Leben, das geeint ist. Daran liegt der Seele Lauterkeit, dass sie geläutert ist von einem Leben, das geteilt ist, und eintritt in ein Leben, das geeint ist. Alles, was in niederen Dingen geteilt ist, das wird vereint, wenn die Seele hinaufklimmt in ein Leben, in dem es keinen Gegensatz gibt. Wenn die Seele in das Licht der Vernunft kommt, so weiß sie nichts von Gegensatz. Was *diesem* Lichte entfällt, das fällt in Sterblichkeit und stirbt. Zum dritten liegt darin der Seele Lauterkeit, dass sie auf nichts geneigt sei. Was zu irgendetwas anderm hingeneigt ist, das stirbt und kann nicht Bestand haben.

DW I Pr. 8, S. 103

Nun spricht er: ‚Jüngling, steh auf!' Was meint ‚steh auf!'? [Es meint:] ‚Steh auf' von dem *Werk*, und ‚*stelle dich*' auf die Seele *in sich selbst*! Ein einziges Werk, das Gott in dem einfaltigen Lichte der Seele wirkt, das ist schöner als die ganze Welt und ist Gott lustvoller als alles, was er je in allen Kreaturen wirkte. Törichte Leute aber nehmen Böses für Gutes und Gutes für Böses. Wenn man's aber recht versteht, so ist ein einziges Werk, das Gott in der Seele wirkt, besser und edler und erhabener als die ganze Welt.

DW I Pr. 43, S. 463

‚Maria Magdalena ging zu dem Grabe' und suchte unsern Herrn Jesum Christum und ‚drang nahe hinein und lugte hinein!' …

Nun könnte man fragen, warum sie stand und nicht saß. Sie wäre ihm doch sitzend ebenso nahe gewesen wie stehend. Manche glauben, dass, wenn sie entfernt auf einem ebenen, weiten Felde wären, wo nichts wäre, das ihre Sicht zu behindern vermöchte, sie ebenso weit sitzend wie stehend sähen. Jedoch, wiewohl es sie so dünkt, so ist es doch nicht an dem. Maria *stand* [vielmehr] deshalb, damit sie umso weiter um sich her zu sehen vermochte, auf dass, wenn irgendwo ein Busch gewesen wäre, unter dem Gott [= Christus] verborgen gewesen wäre, sie ihn dort gesucht hätte. – Zum zweiten: Sie war *innerlich* so ganz mit allen ihren Kräften auf Gott hin gerichtet; darum *stand* sie *äußerlich*.

DW I Pr. 55, S. 595/597/599

Warum aber nannte er Martha *zweimal*? Er deutete damit an, dass Martha alles, was es an zeitlichem und ewigem Gut gäbe und eine Kreatur besitzen sollte, vollends besaß. Beim ersten Mal, als er ‚Martha‘ sagte, bedeutete er [damit] ihre Vollkommenheit in zeitlichem Wirken. Als er zum zweiten Male ‚Martha‘ sagte, bedeutete er [damit], dass ihr [auch] nichts von alledem, was zur ewigen Seligkeit nötig ist, mangelte. Daher sprach er: ‚Du bist sorgsam‘ [= umsichtig tätig] und meinte [damit]: Du stehst *bei* den Dingen, nicht aber stehen die Dinge *in dir*. Die aber stehen besorgt [= in *rechter* Sorge], die in allem ihrem Tun [= Tätigsein] *unbehindert* stehen. Unbehindert [aber] stehen *die*, die alle ihre Werke ordnungsgemäß nach dem Vorbild des ewigen Lichtes ausrichten; und diese Leute stehen *bei* den Dingen und nicht *in* den Dingen. Sie stehen ganz nahe [*bei* den Dingen] und haben [doch] deswegen [= wegen des Dicht-bei-den-Dingen-Stehens] nicht weniger, als wenn sie dort oben am „Umkreis der Ewigkeit“ stünden.

DW II Pr. 86, S. 215

9. Der „innere" und der „äussere" Mensch

Ein jegliches Bild hat zwei Eigenschaften: Das eine ist, dass es von dem, dessen Bild es ist, sein Sein unmittelbar empfängt, unwillkürlich, denn es hat einen natürlichen Ausgang und dringt aus der Natur wie der Ast aus dem Baume. Wenn das Antlitz vor den Spiegel gerückt wird, so *muss* das Antlitz darin abgebildet werden, ob es wolle oder nicht. Aber die *Natur* erbildet sich *nicht* in das Bild des Spiegels; vielmehr der Mund und die Nase und die Augen und die ganze Bildung des Antlitzes – *dies* bildet sich in dem Spiegel ab. Aber dies hat Gott sich allein vorbehalten, dass, worein immer er sich erbildet, er seine Natur und alles, was er ist und aufzubieten vermag, gänzlich darein unwillkürlich erbildet; denn das Bild setzt dem Willen ein Ziel, und der Wille folgt dem Bilde, und das Bild hat den ersten Ausbruch aus der Natur und zieht alles das in sich hinein, was die Natur und das Sein aufzuweisen haben, und die Natur ergießt sich völlig in das Bild und bleibt doch ganz in sich selbst. Denn die Meister verlegen das Bild nicht in den Heiligen Geist, vielmehr verlegen sie es in die mittlere Person, weil der Sohn den *ersten* Ausbruch aus der Natur hat; darum heißt *er* im eigentlichen Sinne ein Bild des Vaters, nicht aber so der Heilige Geist: Der ist [vielmehr] nur ein Ausblühen aus dem Vater und aus dem Sohn und hat doch *eine* Natur mit ihnen beiden.

DW I Pr. 16 B, S. 189

Ich habe schon manchmal gesagt, Gott erschaffe diese ganze Welt voll und ganz in diesem Nun. Alles, was Gott je vor sechstausend und mehr Jahren erschuf, als er die Welt machte, das erschafft Gott jetzt allzumal. Gott ist in allen Dingen, aber soweit Gott göttlich und soweit Gott vernünftig ist, ist Gott nirgends so eigentlich wie in der Seele und in dem Engel, wenn du willst, im Innersten der Seele und im Höchsten der Seele. Und wenn ich sage „das Innerste", so meine ich das Höchste; und wenn ich sage „das Höchste", so meine ich das Innerste der Seele. Im Innersten und im Höchsten der Seele: Dort meine ich sie beide als in Einem. Dort, wo niemals Zeit eindrang, wo niemals ein Bild hineinleuchtete, im Innersten und im Höchsten der Seele erschafft Gott diese ganze Welt.

DW I Pr. 30, S. 339

Ich sage etwas anderes und Eindringenderes: Gott ist nicht nur Mensch geworden, vielmehr: Er hat die menschliche Natur angenommen.

Die Meister sagen gemeinhin, alle Menschen seien in ihrer Natur gleich edel. Ich aber sage wahrheitsgemäß: All das Gute, das alle Heiligen besessen haben und Maria, Gottes Mutter, und Christus nach seiner Menschheit, das ist *mein* Eigen in dieser Natur. Nun könntet ihr mich fragen: Da ich in dieser Natur alles habe, was Christus nach seiner Menschheit zu bieten vermag, woher kommt es dann, dass wir Christum erhöhen und als unsern Herrn und unsern Gott verehren? Das kommt daher, weil er ein Bote von Gott zu uns gewesen ist und uns unsere Seligkeit zugetragen hat. Die Seligkeit, die er uns zutrug, die war *unser*. Dort, wo der Vater im innersten Grunde seinen Sohn gebiert, da schwebt diese [Menschen-]Natur mit ein. Diese Natur ist Eines und einfaltig. Es mag hier wohl etwas herauslugen und etwas anhangen; aber das ist dieses Eine nicht.

DW I Pr. 5 B, S. 67/69

Man soll zum Ersten wissen, und es ist auch deutlich offenbar, dass der Mensch in sich zweierlei Naturen hat: Leib und Geist. Darum sagt eine Schrift: Wer sich selbst erkennt, der erkennt alle Kreaturen, denn alle Kreaturen sind entweder Leib oder Geist. Darum sagt die Schrift vom Menschen, es gebe in uns einen äußeren und einen anderen, den inneren Menschen.

Zu dem äußeren Menschen gehört alles, was der Seele anhaftet, jedoch umfangen ist von und vermischt mit dem Fleische und mit und in einem jeglichen Gliede ein körperliches Zusammenwirken hat, wie etwa mit dem Auge, dem Ohr, der Zunge, der Hand und dergleichen. Und dies alles nennt die Schrift den alten Menschen, den irdischen Menschen, den äußeren Menschen, den feindlichen Menschen, einen knechtischen Menschen.

Der andere Mensch, der in uns steckt, das ist der innere Mensch; den heißt die Schrift einen neuen Menschen, einen himmlischen Menschen, einen jungen Menschen, einen Freund und einen edlen Menschen.

Und der ist gemeint, wenn unser Herr sagt, dass ‚ein edler Mensch auszog in ein fernes Land und sich ein Reich gewann und wiederkam‘.

DW II Tr. 1, S. 315

Der innere Mensch ist *Adam*. Der *Mann* in der Seele ist der gute Baum, der immerfort ohne Unterlass gute Frucht bringt, von dem auch unser Herr spricht [vgl. Matth. 7,17]. Er ist auch der Acker, in den Gott sein Bild und Gleichnis eingesät hat und darein er den guten Samen, die Wurzel aller Weisheit, aller Künste, aller Tugenden, aller Güte sät: den Samen göttlicher Natur [2 Petr. 1,4]. Göttlicher Natur Same, das ist Gottes Sohn, Gottes Wort [Luk. 8,11].

DW II Tr. 1, S. 317

Nun gibt es etliche Menschen, die verbrauchen die Kräfte der Seele ganz und gar im äußeren Menschen. Das sind jene Leute, die alle ihre Sinne und ihre Vernunft vergänglichem Gut zukehren; die wissen nichts von dem inneren Menschen.

DW II Tr. 3, S. 449

10. Der Logos der Liebe

Er sagt: ,Sie trugen ihren Namen und ihres Vaters Namen an ihren Stirnen geschrieben.' Was ist unser Name und was ist unseres Vaters Name? Unser Name ist: dass wir geboren werden sollen, und des Vaters Name ist: gebären, wo die Gottheit ausglimmt aus der ersten Lauterkeit, die eine Fülle aller Lauterkeit ist, wie ich in Sankt Mariengarten sagte. Philippus sprach: ,Herr, zeige uns den Vater, so genügt es uns' [Joh. 14,8]. Zum Ersten ist damit gemeint, dass wir Vater sein sollen; zum Zweiten sollen wir „Gnade" sein, denn des Vaters Name ist: gebären; er gebiert in mich sein Ebenbild. Sehe ich eine Speise und ist sie mir gemäß, so entspringt ein Verlangen daraus; oder, sehe ich einen Menschen, der mir gleicht, so entspringt eine Zuneigung daraus. Ganz so ist es: Der himmlische Vater gebiert in mich sein Ebenbild, und aus der Gleichheit entspringt eine Liebe, das ist der Heilige Geist.

DW I Pr. 13, S. 157

Nun merkt auf das erste Wörtlein, das er spricht: ,Dies ist mein Gebot.' Darüber will ich ein Wörtlein sagen, auf dass es ,bei euch bleibe'. ,Dies ist mein Gebot, dass ihr liebet.' Was will er damit sagen, dass er spricht: ,dass ihr liebet'? Er will ein Wörtlein sagen, auf das ihr achten sollt: Die Liebe ist so lauter, so entblößt, so abgelöst in sich selber, dass die besten Meister sagen, die Liebe, mit der wir lieben, sei der Heilige Geist. Es gab manche, die dem widersprechen wollten. Dies aber ist immer wahr: Alle Bewegung, durch die wir zur Liebe bewegt werden, in der bewegt uns nichts anderes als der Heilige Geist. Liebe im Lautersten, im Abgelöstesten, in sich selbst ist nichts anderes als Gott. Die Meister sagen: Das Ziel der Liebe, auf das hin die Liebe alle ihre Werke wirkt, ist die Gutheit, und die Gutheit ist Gott. So wenig mein Auge sprechen und meine Zunge Farbe erkennen kann, ebenso wenig kann sich die Liebe auf irgendetwas anderes neigen als auf die Gutheit und auf Gott.

DW I Pr. 27, S. 305

Nun spricht er [= unser Herr]: ,wie ich euch geliebt habe'. *Wie* hat uns Gott geliebt? Er liebte uns, als wir [noch] nicht waren und als wir sein Feind waren. So nötig hat Gott unsere Freundschaft, dass er's nicht erwarten kann, bis wir ihn bitten; er kommt uns entgegen und bittet uns, dass wir seine Freunde seien, denn er begehrt von uns, dass wir wollen, er möge uns vergeben.

DW I Pr. 27, S. 309

Nun spricht er: ,Er erhob und hob von unten herauf seine Augen.' In diesem Worte liegt zweierlei Sinn. Der eine besagt eine Bekundung lauterer Demut. Sollen wir je in den *Grund Gottes* und in *sein Innerstes* kommen, so müssen wir zuerst in lauterer Demut in *unsern eigenen Grund* und in *unser Innerstes* kommen. Die Meister sagen, dass die Sterne ihre ganze Kraft in den Grund der Erde gießen,

in die Natur und in das Element der Erde und dort das
lauterste Gold hervorbringen. So weit die Seele in den
Grund und in das Innerste ihres Seins kommt, so weit ergießt sich die göttliche Kraft völlig in sie und wirkt gar
verborgen und offenbart gar große Werke, und es wird
die Seele gar groß und hoch in der Liebe Gottes, die sich
dem lautern Golde vergleicht. Dies ist der erste Sinn
[des]: ,Er erhob von unten seine Augen.'

DW I Pr. 54 A, S. 573/575

Ich bin des so gewiss, wie dass ich ein Mensch bin, dass
mir nichts so ,nahe' ist wie Gott. Gott ist mir näher, als
ich mir selber bin; mein Sein hängt daran, dass mir
Gott ,nahe' und gegenwärtig ist. So auch ist er es einem
Steine und einem [Stück] Holz, sie aber ,wissen' nichts
davon. ,Wüsste' das Holz um Gott und erkennte es,
wie ,nahe' er ihm ist, so wie der höchste Engel dies
weiß, so wäre es ebenso selig wie der höchste Engel.
Und darum ist der Mensch seliger als ein Stein oder
ein [Stück] Holz, weil er Gott erkennt und ,*weiß*', wie
,nahe' ihm Gott ist. Und umso viel seliger bin ich, je
mehr ich das erkenne, und um so viel weniger bin ich
selig, je weniger ich dies erkenne. Nicht dadurch bin
ich selig, dass Gott in mir ist und dass er mir ,nahe'
ist und dass ich ihn habe, sondern dadurch, dass ich *erkenne*, wie ,nahe' er mir ist und dass ich um Gott ,*wisse*'. Der Prophet spricht im Psalter: ,Ihr sollt nicht *un-
wissend* sein wie ein Maultier oder ein Pferd' [Ps 31,9].

DW II Pr. 68, S. 33/35

118

11. „Werde Sohn"

Nun schreibt der eine Evangelist: ,Dies ist mein lieber
Sohn, in dem ich mir wohlgefalle' [Mark. 1,11]. Der
zweite Evangelist aber schreibt nun: ,Dies ist mein lieber Sohn, in dem mir alle Dinge gefallen' [Luk. 3,22].
Und nun schreibt der dritte Evangelist: ,Dies ist mein
lieber Sohn, in dem ich mir selbst gefalle' [Matth. 3,17].
Alles, was Gott gefällt, das gefällt ihm in seinem eingeborenen Sohn; alles, was Gott liebt, das liebt er in seinem eingeborenen Sohn. Nun soll der Mensch so leben,
dass er eins sei mit dem eingeborenen Sohne und dass er
der eingeborene Sohn sei.

DW I Pr. 10, S. 127

Wie soll der Mensch hierzu kommen, dass er ein ein-
ziger Sohn des Vaters sei? Merkt euch! Das ewige
Wort nahm nicht *diesen* noch *jenen* Menschen an, sondern es nahm eine freie, ungeteilte menschliche *Natur*
an, die da rein war, ohne Individualzüge; denn die ein-
faltige Form der Menschheit ist ohne Individualzüge.
Und darum, weil bei der Annahme die menschliche
Natur von dem ewigen Wort einfaltig ohne Individual-
züge angenommen wurde, darum wurde das Bild des
Vaters, das der ewige Sohn ist, [zugleich] zum Bild der
menschlichen Natur. Denn, so wahr es ist, dass Gott
Mensch geworden ist, so wahr ist es, dass der Mensch
Gott geworden ist. Und so denn ist die *menschliche
Natur* darin überbildet, dass sie das *göttliche Bild* ge-

worden ist, welches das Bild des Vaters ist. So denn: Sollt ihr *ein* Sohn sein, so müsst ihr abscheiden und abgehen von allem dem, was Unterschiedenheit an euch verursacht. Denn der [einzelne] Mensch ist ein Akzidens zur [menschlichen] Natur; und darum geht ab von allem dem, was Akzidens an euch ist, und nehmt euch nach der freien, ungeteilten menschlichen *Natur.* Und da denn dieselbe Natur, nach der ihr euch nehmt, Sohn des ewigen Vaters geworden ist infolge der Annahme durch das ewige Wort, so werdet ihr Sohn des ewigen Vaters mit Christus dadurch, dass ihr euch nach derselben Natur nehmt, die dort [= in Christus] Gott geworden ist. Darum hütet euch, dass ihr euch danach nehmt, wie ihr *dieser* Mensch oder *jener* irgendwie seid, sondern nehmt euch nach der freien, ungeteilten menschlichen *Natur.* Darum: Wollt ihr *ein* Sohn sein, so scheidet euch von allem Nicht, denn [das] Nicht stiftet Unterschiedenheit. Wie das? Merkt euch! Dass du nicht *jener* Mensch bist, dieses Nicht stiftet Unterschiedenheit zwischen dir und *jenem* Menschen. Und also: Wollt ihr ohne Unterschiedenheit sein, so scheidet euch vom Nicht. Denn eine Kraft ist in der Seele, die ist geschieden vom Nicht, denn sie hat nichts gemein mit irgendwelchen Dingen; denn nichts ist in dieser Kraft als Gott allein: *Der* leuchtet unverdeckt in diese Kraft.

DW I Pr. 46, S. 491/493

Die Tugend hat viererlei Grade. Der erste bricht hindurch und bereitet dem Menschen den Weg [weg] von allen vergänglichen Dingen. Der zweite [Grad] benimmt sie dem Menschen völlig. Der dritte benimmt sie nicht nur, sondern er lässt sie ganz und gar vergessen, so als wenn sie nie gewesen wären, und dies gehört [notwendig] dazu. Der vierte ist ganz in Gott und ist Gott selbst. Wenn wir hierzu gelangen, ‚so wird der König unserer Zierde begehren‘.

DW II Pr. 74, S. 107

12. Schmerzempfindliche Vernunft

Nun sage ich weiter, dass alles Leid aus der Liebe zu dem kommt, was mir der Schaden genommen hat. Ist mir denn nun ein Schaden an äußeren Dingen leid, so ist dies ein wahres Zeichen dafür, dass ich äußere Dinge liebe und in Wahrheit also Leid und Untrost liebe. Was Wunder also, dass ich dann in Leid gerate, wenn ich Leid und Untrost liebe und suche? Mein Herz und meine Liebe eignet der Kreatur das Gutsein zu, das Gottes Eigentum ist. Ich kehre mich der Kreatur zu, von der naturgemäß Untrost kommt, und kehre mich von Gott ab, von dem aller Trost ausfließt. Wie kann es dann wundernehmen, dass ich in Leid gerate und traurig bin? Wahrlich, es ist Gott und aller dieser Welt wirklich unmöglich, dass der Mensch wahren Trost finde, der Trost sucht bei den Kreaturen. Wer aber Gott allein in der Kreatur liebte und die Kreatur allein in Gott, der fände wahren, rechten und gleichen Trost allerorten. Dies sei nun genug vom ersten Teil dieses Buches.

DW II Tr. 1, S. 243

Auch soll der Mensch in seinem Leide daran denken, dass Gott die Wahrheit spricht und bei sich selbst als der Wahrheit Verheißungen macht. Fiele Gott von seinem Wort, seiner Wahrheit, ab, so fiele er von seiner Gottheit ab und wäre nicht länger Gott, denn er *ist* sein Wort, seine Wahrheit. Sein Wort nun aber ist, dass unser Leid in Freude verwandelt werden soll [vgl. Jer. 31,13]. Sicherlich, wüsste ich zuverlässig, dass alle meine Steine in Gold verwandelt werden sollten, je mehr Steine und je größere ich dann hätte, umso lieber wäre es mir; ja, ich bäte um Steine, und wenn ich könnte, erwürbe ich solche, die groß wären, und ihrer die Menge; je mehr ihrer wären und je größer, umso lieber wären sie mir. Auf solche Weise würde der Mensch gewiss kräftig getröstet in allem seinem Leide.

DW II Tr. 1, S. 259/261

Genauso sage ich von der Tugend, sie habe ein *inneres* Werk: ein Streben und Neigen zu allem Guten und ein Fliehen und Widerstreben weg von allem dem, was böse und übel ist, der Gutheit und Gott ungleich. Und je böser das Werk ist und Gott unähnlicher, umso größer ist das Widerstreben; und je bedeutender und Gott ähnlicher das Werk ist, umso leichter, lieber und lustvoller ist ihr das Werk. Und ihre ganze Klage und ihr Leid ist es – dafern Leid sie überhaupt befallen kann –, dass dieses Leiden um Gottes willen und alles äußere Werk in der Zeit viel zu klein ist, als dass sie sich ganz darin offenbaren und voll erweisen und darin erbilden kann. Durch Übung wird sie kräftig, und durch Freigebigkeit wird sie reich. Sie möchte nicht Leid und Leiden schon gelitten und überstanden haben; sie will und möchte allzeit ohne Unterlass leiden um Gottes und des Wohltuns willen. Ihre ganze Seligkeit liegt im Leiden, nicht im Gelitten-Haben, um Gottes willen. Und darum sagt unser Herr gar beherzigenswert: ‚Selig sind, die da leiden um der Gerechtigkeit willen‘ [Matth. 5,10]. Er sagt nicht: „die gelitten haben“. Ein solcher Mensch hasst das Gelitten-Haben, denn Gelitten-Haben ist nicht das Leiden, das er liebt; es ist ein Überschreiten und ein Verlust des Leidens um Gottes willen, das er allein liebt. Und darum sage ich, dass ein solcher Mensch auch das Erst-noch-leiden-Werden hasst, denn auch das ist nicht Leiden. Indessen hasst er weniger das Leiden-Werden als das Gelitten-Haben, denn das Gelitten-Haben ist dem Leiden ferner und unähnlicher, da es gänzlich vergangen ist. Wenn aber jemand erst noch leiden *wird*, so beraubt ihn dies nicht völlig des Leidens, das er liebt.

DW II Tr. 1, S. 277

Und darum ist es wahr, dass Gott die Liebe ist. Und darum habe ich oben gesagt, dass der gute Mensch allzeit um Gottes willen leiden will und möchte, nicht gelitten haben; leidend hat er, was er liebt. Er liebt das Um-Gottes-willen-Leiden und leidet Gottes wegen. Deshalb und darin ist er Gottes Sohn, nach Gott und in Gott gebildet, der um seiner selbst willen liebt, das heißt: Er liebt um der Liebe, er wirkt um des Wirkens willen; und darum liebt und wirkt Gott ohne Unterlass. Und Gottes Wirken ist seine Natur, sein Sein, sein Leben, seine Seligkeit. Ganz so in Wahrheit ist für den Gottessohn, für einen Menschen, soweit er Gottes Sohn ist, das Leiden um Gottes willen, das Wirken um Gottes willen sein Sein, sein Leben, sein Wirken, seine Seligkeit, denn so spricht unser Herr: ‚Selig sind, die da leiden um der Gerechtigkeit willen‘ [Matth. 5,10].

DW II Tr. 1, S. 285

Und dies ist in rechtem Sinne gemeint, wenn unser Herr sprach: ‚Wer zu mir kommen will, der muss sich seiner selbst entäußern und sich verleugnen und muss sein Kreuz aufheben‘ [Matth. 16,24], das heißt: Er soll ablegen und abtun alles, was Kreuz und Leid ist. Denn sicherlich: Wer sich selbst verleugnet und sich gänzlich seiner selbst entäußert hätte, für den könnte nichts Kreuz noch Leid noch Leiden sein, es wäre ihm alles eine Wonne, eine Freude, eine Herzenslust, und ein solcher käme und folgte Gott wahrhaft.

DW II Tr. 1, S. 287

Noch gibt es einen anderen Trost. Sankt Paulus sagt, dass Gott alle die züchtigt, die er zu Söhnen annimmt und empfängt [vgl. Hebr. 12,6]. Es gehört, wenn man Sohn sein soll, dazu, dass man leide. Weil Gottes Sohn in der Gottheit und in der Ewigkeit nicht leiden konnte, darum sandte ihn der himmlische Vater in die Zeit, auf dass er Mensch würde und leiden könnte. Willst du denn Gottes Sohn sein und willst doch nicht leiden, so hast du gar unrecht. Im Buch der Weisheit steht geschrieben, dass Gott prüft und erprobt, wer gerecht sei, wie man Gold prüft und erprobt und brennt in einem Schmelzofen [vgl. Weish. 3,5/6]. Es ist ein Zeichen, dass der König oder ein Fürst einem Ritter wohl vertraut, wenn er ihn in den Kampf sendet. Ich habe einen Herrn gesehen, der bisweilen, wenn er jemand in sein Gesinde aufgenommen hatte, diesen bei Nacht aussandte und ihn dann selber anritt und mit ihm focht. Und es geschah einst, dass er beinahe getötet ward von einem, den er auf solche Weise erproben wollte: Und diesen Knecht hatte er danach viel lieber als vorher.

DW II Tr. 1, S. 291/293

Denn dies eben meint das Wort, wenn man sagt: „um Gottes willen", da denn nichts je an das Herz gelangt denn im Durchfluss durch Gottes Süßigkeit, in der es seine Bitterkeit verliert. Auch wird es verbrannt von dem heißen Feuer der göttlichen Liebe, die des guten Menschen Herz ringsum in sich beschlossen hält.

Nun kann man deutlich erkennen, wie füglich und auf wie vielerlei Weise ein guter Mensch allenthalben getröstet wird im Leiden, im Leid und im Wirken. Auf eine Weise ist's, wenn er leidet und wirkt um Gottes willen; auf eine andere Weise, wenn er in göttlicher Liebe steht. Auch kann der Mensch erkennen und wissen, ob er alle seine Werke um Gottes willen wirkt und ob er in Gottes Liebe steht; denn sicherlich, soweit sich der Mensch leidvoll und sonder Trost findet, soweit geschah sein Wirken nicht um Gottes willen allein. Sieh, und insoweit steht er auch nicht beständig in göttlicher Liebe. ‚Ein Feuer‘, spricht König David, ‚kommt mit Gott und vor Gott her, das verbrennt ringsum alles, was Gott wider sich findet‘ [vgl. Ps. 96,3] und ihm ungleich ist, das ist: Leid, Untrost, Unfrieden und Bitterkeit.

DW II Tr. 1, S. 299/301

Hier musst du zwei Dinge beachten, die sich in der Liebe finden: Das eine ist das *Wesen* der Liebe, das andere ist ein *Werk* oder ein *Ausbruch* der Liebe. Die Stätte des Wesens der Liebe ist allein im Willen; wer mehr Willen hat, der hat auch mehr Liebe. Aber *wer* davon mehr habe, das weiß niemand vom andern; das liegt verborgen in der Seele, dieweil Gott verborgen liegt im Grunde der Seele. Diese Liebe liegt ganz und gar im Willen; wer mehr Willen hat, der hat auch mehr Liebe.

Nun gibt's aber noch ein zweites: das ist ein Ausbruch und ein Werk der Liebe. Das sticht recht in die

Augen, wie Innigkeit und Andacht und Jubilieren, und ist dennoch allwegs das Beste nicht. Denn es stammt mitunter gar nicht von der Liebe her, sondern es kommt bisweilen aus der Natur, dass man solches Wohlgefühl und süßes Empfinden hat, oder es mag des Himmels Einfluss oder auch durch die Sinne eingetragen sein; und die dergleichen öfter erfahren, das sind nicht allwegs die Allerbesten. Denn sei's auch, dass es wirklich von Gott stamme, so gibt unser Herr das solchen Menschen, um sie zu locken oder zu reizen und auch wohl, auf dass man dadurch von anderen Menschen recht ferngehalten wird. Wenn aber diese selben Menschen hernach an Liebe zunehmen, so mögen sie leicht nicht mehr so viel Gefühle und Empfindungen haben, und daran erst wird ganz deutlich, dass sie Liebe haben: wenn sie [auch] ohne solchen Rückhalt Gott ganz und fest Treue bewahren.

Gesetzt nun, dass es voll und ganz Liebe sei, so ist es doch das Allerbeste nicht. Das wird aus Folgendem deutlich: Man soll nämlich von solchem Jubilus bisweilen ablassen, um eines Besseren aus Liebe willen und um zuweilen ein Liebeswerk zu wirken, wo es dessen nottut, sei's geistlich oder leiblich. Wie ich auch sonst schon gesagt habe: Wäre der Mensch so in Verzückung, wie's Sankt Paulus war, und wüsste einen kranken Menschen, der eines Süppleins von ihm bedürfte, ich erachtete es für weit besser, du ließest aus Liebe von der Verzückung ab und dientest dem Bedürftigen in größerer Liebe.

DW II Tr. 2, S. 361/363

13. Der „dezentrierte" Mensch

Alle Kreaturen sind in sich selbst nichts. Darum habe ich gesagt: Lasst ab vom Nichts und ergreift ein vollkommenes Sein, in dem der Wille recht ist. Wer seinen ganzen Willen gelassen hat, dem schmeckt meine Lehre, und er hört mein Wort. Nun sagt ein Meister, dass alle Kreaturen ihr Sein unmittelbar von Gott empfangen; darum ist es bei den Kreaturen so, dass sie Gott ihrer rechten Natur nach mehr lieben als sich selbst. Erkennte der Geist sein reines Abgeschiedensein, so könnte er sich auf kein Ding mehr hinneigen, er müsste vielmehr auf seinem reinen Abgeschiedensein verharren. Darum heißt es: ‚Er hat ihm wohlgefallen in seinen Tagen.'

DW I Pr. 10, S. 127/129

Vernehmet noch ein Wort, und dann nichts mehr. Je allgemeiner etwas ist, umso edler und wertvoller ist es. Das Leben habe ich mit den Dingen gemein, die *leben*, bei denen das Leben zum Sein hinzukommt. Deren aber gibt es mehr, die [bloßes] Sein, als die [zudem] Leben haben. Die Sinne habe ich gemein mit den Tieren. Ich ließe mir eher meine Sinne nehmen als mein Leben. Das [Sein] aber ist mir am allerliebsten, [denn] es gehört mir am allermeisten zu und ist mir am allerinnersten. Ich ließe eher von allen [Wesen], die unterhalb Gottes sind. Das Sein fließt unmittelbar aus Gott, und das Leben fließt aus dem Sein, und deshalb schmeckt dieses [= das Sein] mir am allerbesten und ist von allen Kreaturen am meisten geliebt. Je gemeinsamer [= mitteilsamer] unser Leben ist, umso besser und edler ist es.

DW II Pr. 74, S. 115

Wäre meine Seele so weit und so breit wie der Engel der Seraphim, der gar nichts in sich hat [d. h. völlig leer und aufnahmebereit ist], Gott würde sich so vollkommen [in mich] ergießen wie in den Engel der Seraphim. Recht so, wie wenn einer einen runden Kreis machte, der rundum voll Pünktlein wäre und mitten drin ein Punkt: Diesem Punkt wären die anderen Pünktlein alle gleich nahe und fern; sollte ihm ein Pünktlein näher werden, das müsste aus seiner Statt rücken, denn der Mittelpunkt bleibt [unverrückbar immer] gleich in der Mitte. So [auch] ist es um das göttliche Sein: Es sucht nach nichts außerhalb seiner, sondern bleibt beständig in sich selbst. Soll es [so] sein, dass die Kreatur von ihm empfange, so muss es notwendig so sein, dass sie außerhalb ihrer selbst gerückt werde.

DW II Pr. 75, S. 117/119

Nun kann man Gott nicht lieben, man müsse ihn denn vorher erkennen, denn der wesenhafte Punkt, der Gott ist, der da in der Mitte steht, gleich fern und nah allen Kreaturen, soll ich dem angenähert werden, so muss meine naturhafte Vernunft hinausgerückt werden mit einem Lichte, das oberhalb ihrer ist. So wie wenn mein Auge ein Licht und so stark wäre, dass es das Licht der Sonne in seiner Kraft aufnähme und damit eins würde, so sähe es nicht allein mit *seiner* Kraft, sondern es sähe mit dem Licht der Sonne [so stark], wie sie in sich selbst ist. So [auch] ist es mit meiner Vernunft.

DW II Pr. 75, S. 121

Zum ersten muss man wissen, dass der Weise und die Weisheit, der Wahre und die Wahrheit, der Gerechte und die Gerechtigkeit, der Gute und die Gutheit aufeinander Bezug nehmen und sich wie folgt zueinander verhalten: Die Gutheit ist weder geschaffen noch gemacht noch geboren; jedoch ist sie gebärend und gebiert den Guten, und der Gute, insoweit er gut ist, ist ungemacht und ungeschaffen und doch geborenes Kind und Sohn der Gutheit. Die Gutheit gebiert sich und alles, was sie ist, in dem Guten: Sein, Wissen, Lieben und Wirken gießt sie allzumal in den Guten, und der Gute empfängt sein ganzes Sein, Wissen, Lieben und Wirken aus dem Herzen und Innersten der Gutheit und von ihr allein. Der Gute und die Gutheit sind nichts als *eine* Gutheit, völlig eins in allem, abgesehen vom Gebären einerseits und Geboren-Werden anderseits; indessen ist das Gebären der Gutheit und das Geboren-Werden in dem Guten völlig *ein* Sein, *ein* Leben. Alles, was zum Guten gehört, empfängt er von der Gutheit in der Gutheit. Dort ist und lebt und wohnt er. Dort erkennt er sich selbst und alles, was er erkennt, und liebt er alles, was er liebt, und wirkt er mit der Gutheit in der Gutheit und die Gutheit mit und in ihm alle ihre Werke gemäß dem, wie geschrieben steht und wie der Sohn sagt: ‚Der Vater wirkt in mir bleibend und wohnend die Werke‘ [Joh. 14,10]. ‚Der Vater wirkt bis nun, und ich wirke‘ [Joh. 5,17]. ‚Alles, was des Vaters ist, das ist mein, und alles, was mein und des Meinen ist, das ist meines Vaters: sein im Geben und mein im Nehmen‘ [Joh. 17,10].

Weiterhin muss man wissen, dass, wenn wir vom „Guten“ sprechen, der Name oder das Wort nichts anderes bezeichnet und in sich schließt, und zwar nicht weniger und nicht mehr, als die bloße und lautere Gutheit; jedoch meint man dann das Gute, sofern es die sich gebende, gebärende Gutheit ist. Wenn wir vom „Guten“ sprechen, so versteht man dabei, dass sein Gutsein ihm gegeben, eingeflossen und eingeboren ist von der ungeborenen Gutheit. Darum sagt das Evangelium: ‚Wie der Vater das Leben in sich selbst hat, so hat er dem Sohn gegeben, dass auch er das Leben in sich selbst habe‘ [Joh. 5,26]. Er sagt: ‚*in* sich selbst‘, nicht: ‚*von* sich selbst‘, denn der Vater hat es ihm gegeben.

Alles, was ich nun von dem Guten und von der Gutheit gesagt habe, das ist gleich wahr auch für den Wahren und die Wahrheit, für den Gerechten und die Gerechtigkeit, für den Weisen und die Weisheit, für Gottes Sohn und Gott den Vater, für alles das, was von Gott geboren ist und was keinen Vater auf Erden hat, in das sich auch nichts von allem dem gebiert, was geschaffen ist, was nicht Gott ist, in dem kein Bild ist als der bloße, lautere Gott allein. Denn so

spricht Sankt Johannes in seinem Evangelium, dass
,allen denen Macht und Vermögen gegeben ist, Gottes
Söhne zu werden, die nicht vom Blute noch vom Willen
des Fleisches noch vom Willen des Mannes, sondern
von Gott und aus Gott allein geboren sind' [Joh.
1,12f.].

DW II Tr. 1, S. 233/235/237

14. DIE ERSTICKTE SEHNSUCHT

,Was wunders soll werden aus diesem Kinde?' Ich
sprach neulich zu einigen Leuten, die vielleicht auch
hier anwesend sind, ein Wörtlein und sagte so: Es ist
nichts so verdeckt, das nicht aufgedeckt werden solle
[Matth. 10,26; Luk. 12,2; Mark. 4,22]. Alles, was
nichts ist, soll abgelegt werden und so verdeckt, dass es
selbst nicht einmal mehr gedacht werden soll. Vom
Nichts sollen wir nichts wissen, und mit dem Nichts sollen wir nichts gemein haben. Alle Kreaturen sind ein reines Nichts. Was weder hier noch dort ist und wo ein
Vergessensein aller Kreaturen ist, da ist Fülle alles Seins.
Ich sagte damals: Nichts soll in uns bedeckt sein, das
wir nicht Gott völlig aufdecken und ihm vollständig geben. Worin immer wir uns finden mögen, sei's in Vermögen oder in Unvermögen, in Lieb oder in Leid,
wozu wir uns immer geneigt finden, dessen sollen wir
uns entäußern. In der Wahrheit: Wenn wir ihm [= Gott]
alles aufdecken, so deckt er uns wiederum alles auf, was

er hat, und er verdeckt uns in der Wahrheit ganz und gar nichts von alledem, was er zu bieten vermag, weder Weisheit noch Wahrheit noch Heimlichkeit noch Gottheit noch irgendetwas. Dies ist wahrlich so wahr, wie dass Gott lebt, dafern wir's ihm aufdecken. Decken wir's ihm nicht auf, so ist es kein Wunder, wenn er's uns dann *auch* nicht aufdeckt; denn es muss ganz gleich sein: wir ihm, wie er uns.

Man muss klagen über gewisse Leute, die sich gar hoch und gar eins mit Gott dünken und sind dabei doch noch ganz und gar ungelassen und halten sich noch an geringfügige Dinge in Lieb und in Leid. Diese sind weit entfernt von dem, was sie sich dünken. Sie streben nach viel und wollen ebenso viel. Ich sprach irgendwann: Wer das Nichts sucht, dass der das Nichts findet, wem kann er das klagen? Er fand, was er suchte. Wer irgendetwas sucht oder erstrebt, der sucht und erstrebt das Nichts, und wer um irgendetwas bittet, dem wird das Nichts zuteil. Aber wer nichts sucht und nichts erstrebt als rein nur Gott, dem entdeckt und gibt Gott alles, was er verborgen hat in seinem göttlichen Herzen, auf dass es ihm ebenso zu eigen wird, wie es Gottes Eigen ist, nicht weniger und nicht mehr, dafern er nur unmittelbar nach Gott allein strebt.

DW I Pr. 11, S. 139/141

Darum sagt auch und ermahnt uns Gott im Evangelium, dass wir den himmlischen Vater bitten, dass unsere Freude vollkommen werde, und Sankt Philippus sprach:

‚Herr, weise uns den Vater, so genügt es uns' [Joh. 14,8];
denn „Vater" besagt Geburt und nicht Gleichheit und
besagt das Eine, in dem die Gleichheit zum Schweigen
kommt und alles still wird, was Begierde nach Sein hat.

DW II Tr. 1, S. 269

15. WÄRME

‚Cephas', das heißt so viel wie „ein Haupt". *Vernunft*
ist das Haupt der Seele. Diejenigen, die die gröbste Aussage machen, die sagen, dass die *Liebe* vorgehe; diejenigen aber, die die treffendste Aussage machen, die sagen
genauerhin – und das ist auch wahr –, dass der Kern des
ewigen Lebens mehr im *Erkennen* als in der Liebe liege.
Und wisset, warum! Unsere besten Meister – und deren
gibt es nicht viele – sagen, dass das Erkennen und die
Vernunft geradeswegs zu Gott hinaufgehen. Die Liebe
aber wendet sich dem zu, was sie liebt; dem entnimmt
sie, *was* gut ist. Das Erkennen aber erfasst das, *wodurch*
es gut ist. Honig ist in sich selbst süßer als irgendetwas,
das man daraus machen kann. Die Liebe nimmt Gott,
wie er gut ist; das Erkennen aber dringt hinauf und
nimmt Gott, wie er Sein ist. Darum spricht Gott: ‚Simon
Petrus, selig bist du!' Gott gibt dem gerechten Menschen ein göttliches Sein und benennt ihn mit demselben
Namen, der seinem [eigenen] Sein eigen ist. Darum
spricht er danach: ‚Mein Vater, der im Himmel ist.'

DW I Pr. 45, S. 487

Da nun dieselbe Substanz der Personhaftigkeit Christi als Trägerin der ewigen Menschheit Christi auch der Seele Substanz ist und da *ein* Christus in seinsmäßiger und in personhafter Substanz ist, so müssen auch *wir* derselbe Christus sein, ihm nachfolgend in den Werken, wie er im Sein *ein* Christus ist in Menschenart; denn da ich der Menschheit nach derselben Art bin [wie Christus], so bin ich dem *personhaften* Sein [Christi] so vereint, dass ich von Gnaden in dem personhaften Sein [Christi] eins [mit Christus] und auch das personhafte Sein [selbst] bin.

DW II Pr. 67, S. 29

Auch zieht Gleichheit und Hitze hinauf in die Höhe. Gleichheit eignet man in der Gottheit dem Sohne zu, Hitze und Liebe dem Heiligen Geist.

DW II Tr. 1, S. 263

Denn wer die Wahrheit erkennt, der weiß, dass Gott, der himmlische Vater, dem Sohn und dem Heiligen Geiste alles, was gut ist, übergibt; der Kreatur aber *gibt* er kein Gut, sondern er leiht es ihr nur auf Borg. Die Sonne gibt der Luft Wärme, Licht aber gibt sie ihr auf Borg; und darum: Sobald die Sonne untergeht, so verliert die Luft das Licht, die Wärme aber bleibt ihr, denn die ist der Luft als zu eigen gegeben.

DW II Tr. 1, S. 271/273

16. Das verwandelte Begehren

„Phariseus" besagt so viel wie: einer, der abgesondert ist und um kein Ende weiß. Alles Zubehör der Seele muss völlig abgelöst werden. Je edler die Kräfte sind, umso stärker lösen sie ab. Gewisse Kräfte sind so hoch über dem Körper und so abgesondert, dass sie völlig abschälend und abscheidend wirken! Ein Meister sagt ein schönes Wort: Was [nur je] einmal Körperliches berührt, das gelangt niemals da hinein. Zum zweiten [besagt „Pharisäer"], dass man abgelöst und abgezogen und eingezogen sein soll. Hieraus mag man entnehmen, dass ein ungelehrter Mensch [allein] durch Liebe und Begehren Wissen erlangen und lehren kann. Zum dritten besagt es [= „Pharisäer"], dass man kein Ende haben und nirgends abgeschlossen sein und nirgends haften und so in Frieden versetzt sein soll, dass man nichts [mehr] wisse von Unfrieden, wenn ein solcher Mensch in Gott versetzt wird durch die Kräfte, die völlig losgelöst sind. Darum sprach der Prophet: ‚Herr, des Volkes, das in dir ist, dessen *erbarme* dich.'

DW I Pr. 7, S. 91

Wenn der Engel sich dem Erkennen der Kreaturen zukehrte, so würde es Nacht. Sankt Augustinus sagt: Wenn die Engel die Kreaturen *ohne Gott* erkennen, so ist das ein Abendlicht; wenn sie aber die Kreaturen *in Gott* erkennen, so ist das ein Morgenlicht. Erkennen sie [wiederum] Gott, wie er rein in sich selbst Sein ist, so ist das der lichte Mittag. Ich sage: Dies sollte der Mensch begreifen und erkennen, dass das Sein so edel ist. Keine Kreatur ist so gering, dass sie nicht nach dem Sein begehrte. Die Raupen, wenn sie von den Bäumen herabfallen, so kriechen sie an einer Wand hoch, auf dass sie ihr Sein erhalten. So edel ist das Sein. Wir preisen das Sterben in Gott, auf dass er uns versetze in ein Sein, das besser ist als Leben: ein Sein, in dem unser Leben lebt, darin unser Leben ein Sein wird. Der Mensch soll sich willig in den Tod geben und sterben, auf dass ihm ein besseres Sein zuteil werde.

DW I Pr. 8, S. 101

Nun spricht er: ‚Unser Herr ging zu der Stadt Naim.‘ ‚Naim‘ bedeutet so viel wie „ein Sohn der Taube" und bedeutet Einfaltigkeit. Die Seele soll nimmer ruhen in der vermögenden Kraft, bis sie ganz Eins in Gott werde. Es [d. h. Naim] besagt auch so viel wie „eine Flut des Wassers" und bedeutet, dass der Mensch zu Sünden und zu Verfehlungen nicht zu bewegen sein soll. ‚Die Jünger‘, die sind das göttliche Licht, das soll in einer Flut in die Seele fließen. ‚Die große Schar‘, das sind die Tugenden, von denen ich neulich sprach. Die Seele muss mit heißem Begehren aufsteigen und in den großen Tugenden viel Würde der Engel übersteigen. Dort kommt man [dann] unter die ‚Pforte‘, das ist: in die Liebe und in die Einheit, die ‚Pforte‘, wo man den Toten heraustrug, den Jüngling, einer Witwe Sohn. Unser Herr trat hinzu und berührte das, worauf der Tote lag. Wie er hinzutrat und wie er berührte, das lasse ich beiseite, nicht aber, dass er sprach: ‚Richte dich auf, Jüngling!‘

DW I Pr. 18, S. 209/211

Nun gebt acht darauf, was der Mensch haben muss, der da wohnen soll in ihm, das heißt: in Gott. Der muss dreierlei besitzen. Das Erste ist, dass er von sich selbst und von allen Dingen abgelassen habe und an keinen Dingen mehr hänge, die die Sinne von innen berühren, noch auch, dass er nicht in irgendwelchen Kreaturen verweile, die da in Zeit oder in Ewigkeit sind. – Das Zweite ist dies, dass er nicht dieses oder jenes Gut liebe, dass er vielmehr *das* Gute liebe, aus dem alles Gut fließt; denn kein Ding ist mehr lustvoll oder begehrenswert, als soweit *Gott* in ihm ist. Darum soll man ein Gut nicht mehr lieben, als soweit man *Gott* in ihm liebt; und so denn soll man Gott nicht lieben um seines Himmelreiches noch um irgendetwas willen, sondern man soll ihn um der Gutheit willen lieben, die er in sich selbst ist.

DW I Pr. 40, S. 429

Denen aber geschieht sehr recht, die nach etwas anderem begehren als nach Gottes Willen, denn sie sind allwegs in Jammer und Unglückseligkeit; man tut ihnen immer wieder Gewalt an und Unrecht, und sie haben allwegs Leid.

DW I Pr. 41, S. 443

Nun wähnen manche Leute, sie seien gar heilig und gar vollkommen, und gehen mit großen Dingen und großen Worten um, und doch streben und begehren sie nach so vielem und wollen auch vieles besitzen; und sie schauen so viel auf sich und auf dies und das, und sie meinen, sie strebten nach innerer Sammlung, können aber nicht *ein* Wort [unerwidert] hinnehmen. Des seid wahrlich gewiss, dass sie Gott fern und außerhalb jener Einigung sind.

DW I Pr. 41, S. 445

Wohlan, nun gebt mit Fleiß acht! Der himmlische Vater spricht nun in jener edlen Kraft zu seinem eingeborenen Sohn: ‚Jüngling, steh auf!‘ Die Einigung Gottes mit der Seele ist so groß, dass es unglaublich ist, und Gott ist in sich selbst so hoch, dass kein Erkennen noch Begehren dahin zu gelangen vermag. Das Begehren reicht weiter als alles, was man mit der Erkenntnis zu begreifen vermag. Es ist weiter als alle Himmel, ja, als alle Engel, und dabei lebt doch von einem [bloßen] Fünklein des Engels alles, was auf Erden ist. Das Begehren ist weit, unermesslich weit. Alles aber, was das Erkennen zu begreifen, und alles, was das Begehren zu begehren vermag, das ist nicht Gott. Wo das Erkennen und das Begehren enden, da ist es finster, da [aber] *leuchtet Gott.*

DW I Pr. 42, S. 451

Die *dritte* Kraft heißt „Begehren", *concupiscibilis;* an der sollst du einen Fingerring tragen, das ist: „ein Sich-Begnügen", so dass du genügsam seiest gegenüber allen Kreaturen, die unterhalb Gottes sind; Gottes aber soll's dir nie genug sein; denn Gottes *kann* es dir nie genug sein; je mehr du von Gott hast, umso mehr begehrst du seiner; könnte es dir nämlich Gottes genug werden, so dass sich ein Genugsein Gottes einstellte, so wäre Gott nicht Gott.

DW II Pr. 83, S. 193

Mit diesem einzigen Worte lehrt uns unser Herr Jesus Christus, dass die Seele sich erheben soll über alle körperhaften Dinge. Und so, wie der Sohn ein „Wort" des Vaters ist, so lehrt er die Seele mit *einem* Worte, wie sie ,aufstehen' soll und wie sie sich erheben soll über sich selber und bleiben soll oberhalb ihrer selbst.

DW II Pr. 84, S. 199

Jedoch soll man wissen, dass Tugend-Besitzen und Leiden-Wollen eine gewisse Abstufungsweite hat, wie wir ja auch in der Natur sehen, dass ein Mensch größer ist und schöner in der Erscheinung, im Aussehen, im Wissen, in Künsten als ein anderer. So sage ich auch, dass ein guter Mensch wohl ein guter Mensch sein kann und doch von natürlicher Liebe zu Vater, Mutter, Schwester, Bruder mehr oder weniger berührt werden und schwanken, jedoch nicht von Gott noch von der

Gutheit abfällig werden kann. Indessen ist er in dem Maße gut und besser, in dem er weniger und mehr getröstet und berührt wird von natürlicher Liebe und Zuneigung zu Vater und Mutter, Schwester und Bruder und zu sich selbst und sich ihrer bewusst wird.

Und doch, wie ich oben geschrieben habe: Wenn ein Mensch eben dies in Gottes Willen hinnehmen könnte angesichts dessen, dass es Gottes Wille ist, dass die menschliche Natur jenen Mangel insonderheit aus Gottes Gerechtigkeit im Hinblick auf die Sünde des ersten Menschen habe, und wenn er es anderseits doch auch wieder in Gottes Willen bereitwillig entbehren wollte, dafern es nicht so wäre, so stünde es ganz recht mit ihm, und er würde sicherlich im Leiden getröstet. Das ist gemeint, wenn Sankt Johannes sagt, dass das ‚wahre Licht in die Finsternis leuchtet‘ [Joh. 1,5], und Sankt Paulus sagt, dass ‚die Tugend in der Schwachheit vollbracht wird‘ [2 Kor. 12,9].

DW II Tr. 1, S. 257/259

Und darum gibt es ein inneres Werk, das weder Zeit noch Raum umschließen noch umfassen kann, und in demselben ist etwas, das göttlich und Gott gleich ist, den [ja ebenfalls] weder Zeit noch Raum umschließt – er ist allenthalben und allzeit gleichgegenwärtig –, und es ist auch darin Gott gleich, dass ihn keine Kreatur vollkommen in sich aufzunehmen noch Gottes Gutheit in sich einzuformen vermag. Und deshalb muss es etwas Innerliches und Höheres und Ungeschaffenes geben, ohne Maß und ohne Weise, in das der himmlische Vater sich ganz einzuprägen und einzugießen und in dem er sich zu offenbaren vermag: Das sind der Sohn und der Heilige Geist. Auch vermag jemand das innere Werk der Tugend so wenig zu hindern, wie man Gott hindern kann. Das Werk glänzt und leuchtet Tag und Nacht. Es lobt und singt Gottes Lob und einen neuen Gesang, wie David spricht: ‚Singet Gott einen neuen Gesang' [Ps. 95,1]. *Dessen* Lob ist irdisch, und *das* Werk liebt Gott nicht, das äußerlich ist, das Zeit und Raum umschließt, das eng ist, das man hindern und bezwingen kann, das müde wird und alt durch Zeit und Ausübung. Jenes Werk aber ist: Gott lieben, ist Gutes und die Gutheit wollen, wobei der Mensch alles das, was er mit lauterem und ganzem Willen in allen guten Werken tun will und tun möchte, damit bereits jetzt getan hat, auch darin Gott gleichend, von dem David schreibt: ‚Alles, was er wollte, das hat er jetzt getan und gewirkt' [Ps. 134,6].

DW II Tr. 1, S. 275

17. TRANSFORMATION

‚Wir werden völlig in Gott transformiert und verwandelt' [2 Kor. 3,18]. Vernimm ein Gleichnis! Ganz so, wie wenn im Sakramente Brot in unseres Herrn Leib verwandelt wird: Wie viel der Brote es auch wären, so wird doch nur *ein* Leib – ebenso würde, wenn alle Brote in meinen Finger verwandelt wären, doch nicht mehr als *ein* Finger sein. Würde wiederum mein Finger in das Brot verwandelt, so wäre dies so viel, wie jenes wäre. Was in ein anderes verwandelt wird, das wird eins mit ihm. Ganz so werde ich in ihn verwandelt, dass er mich als sein Sein wirkt, [und zwar] als eines, *nicht* als *gleiches*; beim lebendigen Gotte ist es wahr, dass es da keinerlei Unterschied gibt.

DW I Pr. 6, S. 85

Die Meister sagen, die menschliche Natur habe mit der Zeit nichts zu tun und sie sei völlig unberührbar und dem Menschen viel inniger und näher, als er sich selbst sei. Und deshalb nahm Gott die menschliche Natur an und vereinte sie mit seiner Person. Da ward die menschliche Natur Gott, denn er nahm die reine menschliche Natur und nicht einen Menschen an. Darum: Willst du derselbe Christus sein und Gott sein, so entäußere dich alles dessen, was das ewige Wort nicht annahm. Das ewige Wort nahm keinen Menschen an; darum entäußere dich dessen, was von einem Menschen an dir sei und was *du* seist, und nimm dich rein [nur] nach der menschlichen Natur, so bist du dasselbe im ewigen Wort, was die menschliche Natur in ihm ist. Denn deine menschliche Natur und die seine haben keinen Unterschied: Es ist eine [und dieselbe]; denn, was sie in Christo ist, das ist sie in dir. Darum sagte ich zu Paris, dass an dem gerechten Menschen erfüllt ist, was die Heilige Schrift und die Propheten [von

Christo] je gesagt haben; denn bist du recht daran, so wird alles, was im Alten und im Neuen Testament gesagt ist, an dir vollbracht.

DW I Pr. 24, S. 281

Nun wird es nimmer Abend, es sei denn ein Morgen und ein Mittag vorher gewesen. Nun sagt man, der Mittag sei heißer als der Abend. Doch soweit der Abend den Mittag in sich schließt und die Hitze steigert, ist er heißer, denn vor dem Abend liegt ein ganzer, voller Tag. Aber spät im Jahre, will sagen, nach der Sommersonnenwende, wenn die Sonne dahin gerät, sich der Erde zu nähern, dann wird der Abend am heißesten. Es kann niemals Mittag werden, der Morgen sei denn hinweg, noch kann es je Abend werden, der Mittag sei denn hinweg. Das bedeutet so viel wie: Wenn das *göttliche* Licht in der Seele je mehr und mehr aufbricht, bis ein ganzer, voller Tag zustandekommt, so entweicht *da nicht* der Morgen [vor] dem Mittag noch der Mittag [vor] dem Abend: Es schließt sich völlig in eins zusammen. Darum ist der Abend dort [d. h. in der Seele] am heißesten. Dann ist ganzer, voller Tag in der Seele, wenn alles, was die Seele ist, mit göttlichem Licht erfüllt wird. *Dann* aber ist es Abend in der Seele, wie ich ehedem sagte, wenn das Licht dieser Welt abfällt und der Mensch [in sich] eingeschlossen ist und ruht. Da sprach Gott: „Friede!" und abermals: „Friede!" und: „Empfanget den Heiligen Geist!"‘

DW I Pr. 36 A, S. 385

Will Gott geben, wonach ich begehre, so habe ich es damit und bin in Wonne; will Gott hingegen nicht geben, nun, so empfange ich's entbehrend im gleichen Willen Gottes, in dem er eben *nicht* will, und so also empfange ich, indem ich entbehre und nicht nehme. Woran fehlt's mir dann? Und sicherlich, im eigentlicheren Sinne nimmt man Gott entbehrend als nehmend; denn wenn der Mensch empfängt, so hat die Gabe das, weswegen der Mensch froh und getröstet ist, in sich selbst. Empfängt man aber nicht, so hat noch findet noch weiß man nichts, worüber man sich freuen könnte, als Gott und Gottes Willen allein.

DW II Tr. 1, S. 253/255

Und unser Herr bat seinen Vater, dass wir mit ihm und in ihm Eins würden, nicht nur vereint. Für dieses Wort und diese Wahrheit haben wir ein sichtbares Bild und ein anschauliches Zeugnis auch äußerlich in der Natur. Wenn das Feuer seine Wirkung tut und das Holz entzündet und in Brand setzt, so macht das Feuer das Holz ganz fein und ihm selbst ungleich und benimmt ihm Grobheit, Kälte, Schwere und Wässerigkeit und macht das Holz sich selbst, dem Feuer, mehr und mehr gleich; jedoch beruhigt, beschwichtigt noch begnügt sich je weder Feuer noch Holz bei keiner Wärme, Hitze oder Gleichheit, bis dass das Feuer sich selbst in das Holz gebiert und ihm seine eigene Natur und sein eigenes Sein übermittelt, so dass es alles *ein* Feuer ist, beiden gleich eigen, unterschiedslos ohne Mehr oder Weniger.

Und deshalb gibt es, bis es dahin kommt, immer ein Rauchen, Sich-Bekämpfen, Prasseln, Mühen und Streiten zwischen Feuer und Holz. Wenn aber alle Ungleichheit weggenommen und abgelegt ist, so wird das Feuer still und schweigt das Holz.

DW II Tr. 1, S. 267/269

Zudem, wenn unser Herr, der Sohn, spricht: ‚der verleugne sich selbst und hebe sein Kreuz auf und komme zu mir‘, so meint er dies: Werde Sohn, wie ich Sohn bin, geborener Gott, und werde dasselbe Eine, das ich bin, das ich innewohnend, innebleibend in des Vaters Schoß und Herzen schöpfe. Vater, spricht der Sohn, ich will, dass, wer mir folgt, wer zu mir kommt, dort sei, wo ich bin [vgl. Joh. 12,26]. Niemand kommt im eigentlichen Sinne zum Sohn, insofern dieser *Sohn* ist, als der, der selbst Sohn *wird*, und niemand *ist* dort, wo der Sohn ist, der in des Vaters Schoß und Herzen Eins in Einem ist, als der, der Sohn *ist*.

DW II Tr. 1, S. 289

Du musst wissen, dass der Anstoß zur Untugend für den rechten Menschen niemals ohne großen Segen und Nutzen ist. Nun hör zu! Da sind zwei Menschen: Der eine sei so geartet, dass er von keiner Schwäche angefochten wird oder doch nur wenig; der andere aber ist solcher Natur, dass ihm Anfechtungen zustoßen. Durch das äußere Gegenwärtigsein der Dinge wird sein äußerer

Mensch erregt, sei's etwa zu Zorn oder zu eitler Ehrsucht oder vielleicht zu Sinnlichkeit, je nachdem, was ihm entgegentritt. Aber in seinen obersten Kräften steht er völlig fest, unbewegt und will den Fehl nicht begehen, weder das Erzürnen noch irgendeine der Sünden, und ficht also kräftig gegen die Schwäche an; denn vielleicht handelt es sich um eine in der Natur liegende Schwäche, wie ja mancher Mensch von Natur zornig oder hoffärtig ist oder sonst wie und doch die Sünde nicht begehen will. Ein solcher soll weit mehr gelobt sein, und sein Lohn ist viel größer, seine Tugend edler als des ersten; denn Vollkommenheit der Tugend kommt nur aus Kampf, wie Sankt Paulus sagt: ‚Die Tugend wird in der Schwachheit vollbracht' [2 Kor. 12,9].

DW II Tr. 2, S. 357

18. Vernunft und Freiheit

Ich habe ein Wörtlein gesprochen, zunächst auf lateinisch, das steht geschrieben im Evangelium und lautet zu deutsch also: ‚Unser Herr Jesus Christus ging hinauf in ein Burgstädtchen und ward empfangen von einer Jungfrau, die ein Weib war' [Luk. 10,38].

Wohlan, achtet nun aufmerksam auf dieses Wort: Notwendig muss es so sein, dass sie eine ‚Jungfrau' war, jener Mensch, von dem Jesus empfangen ward. Jungfrau besagt so viel wie ein Mensch, der von allen fremden Bildern ledig ist, so ledig, wie er war, da er noch nicht war. Seht, nun könnte man fragen, wie ein Mensch, der geboren ist und fortgediehen bis in vernunftfähiges Leben, wie der so ledig sein könne von allen Bildern, wie da er noch nicht war, und dabei weiß er doch vieles, das sind alles Bilder; wie kann er dann ledig sein? Nun gebt acht auf die Unterweisung, die will ich euch dartun. Wäre ich von so umfassender Vernunft, dass alle Bilder, die sämtliche Menschen je [in sich] aufnahmen, und [zudem] die, die in Gott selbst sind, in meiner Vernunft stünden, doch so, dass ich so frei von Ich-Bindung an sie wäre, dass ich ihrer keines im Tun noch im Lassen, mit Vor noch mit Nach als mir zu eigen ergriffen hätte, dass ich vielmehr in diesem gegenwärtigen Nun frei und ledig stünde für den liebsten Willen Gottes und ihn zu erfüllen ohne Unterlass, wahrlich, so wäre ich Jungfrau ohne Behinderung durch alle Bilder, ebenso gewiss, wie ich's war, da ich noch nicht war.

Ich sage weiter: Dass der Mensch Jungfrau ist, das benimmt ihm gar nichts von allen den Werken, die er je tat; das alles [aber] lässt ihn magdlich und frei dastehen ohne jede Behinderung an der obersten Wahrheit, so wie Jesus ledig und frei ist und magdlich in sich selbst. Wie die Meister sagen, dass nur gleich und gleich Grund für die Vereinigung ist, darum muss der Mensch Magd sein, Jungfrau, die den magdlichen Jesus empfangen soll.

Nun gebt acht und seht genau zu! Wenn nun der Mensch immerfort Jungfrau wäre, so käme keine Frucht von ihm. Soll er fruchtbar werden, so ist es notwendig, dass er *Weib* sei. „Weib" ist der edelste Name, den man der Seele zulegen kann, und ist viel edler als „Jungfrau". Dass der Mensch Gott in sich *empfängt*, das ist gut, und in dieser Empfänglichkeit ist er Jungfrau. Dass aber Gott fruchtbar in ihm werde, das ist besser; denn Fruchtbarwerden der Gabe, das allein ist Dankbarkeit für die Gabe, und da ist der Geist Weib in der wiedergebärenden Dankbarkeit, wo er Jesum wiedergebiert in Gottes väterliches Herz.

Viele gute Gaben werden empfangen in der Jungfräulichkeit, werden aber nicht in weiblicher Fruchtbarkeit mit dankbarem Lobe wieder eingeboren in Gott. Diese Gaben verderben und werden alle zunichte, so dass der Mensch nimmer seliger noch besser davon wird. Dabei ist ihm seine Jungfräulichkeit zu nichts nütze, denn er ist über seine Jungfräulichkeit hinaus nicht Weib mit voller Fruchtbarkeit. Darin liegt der Schaden. Darum habe ich gesagt: ‚Jesus ging hinauf in ein Burgstädtchen und ward empfangen von einer Jungfrau, die ein Weib war.' Das muss notwendig so sein, wie ich euch dargetan habe.

Eheleute bringen im Jahr kaum mehr als *eine* Frucht hervor. Aber eine andere Art „Eheleute" habe ich nun diesmal im Sinn: alle diejenigen, die ichhaft gebunden sind an Gebet, an Fasten, an Wachen und allerhand äußerliche Übungen und Kasteiungen. Jegliche Ichgebundenheit an irgendwelches Werk, das dir die Freiheit benimmt, in diesem gegenwärtigen Nun Gott zu Gebote zu stehen und ihm allein zu folgen in dem Lichte, mit dem er dich anweisen würde zum Tun und Lassen, frei und neu in jedem Nun, als ob du anders nichts hättest noch wolltest noch könntest: – jegliche Ichgebundenheit oder jegliches vorsätzliche Werk, das dir diese allzeit neue Freiheit benimmt, das heiße ich nun ein Jahr; denn deine Seele bringt dabei keinerlei Frucht, ohne dass sie das Werk verrichtet hat, das du ichgebunden in Angriff genommen hast, und du hast auch weder zu Gott noch zu dir selbst Vertrauen, du habest denn dein Werk vollbracht, das du mit Ich-Bindung ergriffen hast; sonst hast du keinen Frieden. Darum bringst du auch keine Frucht, du habest denn dein Werk getan. *Dies* setze ich als ein Jahr an, und die Frucht ist dennoch klein, weil sie aus dem Werke hervorgegangen ist in Ichgebundenheit und nicht in Freiheit. Solche Menschen heiße ich „Eheleute", weil sie in Ich-Bindung gebunden sind. Solche bringen wenig Frucht, und die ist zudem noch klein, wie ich gesagt habe.

Eine Jungfrau, die ein Weib ist, die frei ist und ungebunden ohne Ich-Bindung, die ist Gott und sich selbst allzeit gleich nahe. Die bringt viele Früchte, und die sind groß, nicht weniger und nicht mehr als Gott selbst ist. Diese Frucht und diese Geburt bringt diese Jungfrau, die ein Weib ist, zustande, und sie bringt alle Tage hundertmal oder tausendmal Frucht, ja unzählige Male, gebärend und fruchtbar werdend aus dem alleredelsten Grunde; noch besser gesagt: Fürwahr, aus demselben Grunde, daraus der Vater sein ewiges Wort gebiert, aus dem wird sie fruchtbar mitgebärend.

DW I Pr. 2, S. 25/27/29

Wohlan, nun achtet darauf, was das ‚Kleine‘ sei, über das dieser ‚Knecht getreu‘ gewesen ist. Alles, was Gott geschaffen hat im Himmel und auf Erden, was nicht er selbst ist, das ist ihm gegenüber klein. Über alles dies ist dieser gute Knecht ‚getreu‘ gewesen. Wieso dem so sei, das will ich euch dartun. Gott hat diesen Knecht gesetzt zwischen Zeit und Ewigkeit. Keinem [von beiden] war er übereignet, sondern er war frei in der Vernunft und im Willen und auch allen Dingen gegenüber. Mit seiner *Vernunft* durchschritt er alle Dinge, die Gott geschaffen hat; mit seinem *Willen* ließ er ab von allen Dingen und auch von sich selbst und von alledem, was Gott geschaffen hat, was [also] nicht Gott selbst ist; mit seiner Vernunft nahm er sie auf und gab Gott dafür Lob und Ehre und überantwortete sie Gott in seine unergründliche Natur und [dazu] sich selbst, sofern er geschaffen ist.

DW II Pr. 66, S. 13

Was beabsichtigt aber Gott damit, dass er darauf so sehr erpicht ist? Nun, er will selbst allein und gänzlich unser Eigen sein. Dies will und erstrebt er, und darauf allein hat er es abgesehen, dass er’s sein könne und dürfe. Hierin liegt seine größte Wonne und Lust. Und je mehr und umfassender er das sein kann, umso größer ist seine Wonne und seine Freude; denn je mehr wir von allen Dingen zu eigen haben, umso weniger haben wir ihn zu eigen, und je weniger Liebe zu allen Dingen wir haben, umso mehr haben wir ihn mit allem, was er zu bieten vermag. Darum, als unser Herr von allen Seligkeiten reden wollte, da setzte er die Armut des Geistes zum Haupt ihrer aller, und sie war die Erste zum Zeichen dafür, dass alle Seligkeit und Vollkommenheit samt und sonders ihren Anfang haben in der Armut des Geistes. Und wahrlich, wenn es einen Grund gäbe, auf dem alles Gute aufgebaut werden könnte, der würde ohne dies nicht sein.

Dass wir uns frei halten von den Dingen, die außer uns sind, dafür will uns Gott zu eigen geben alles, was im Himmel ist, und den Himmel mit all seiner Kraft, ja alles, was je aus ihm ausfloss und was alle Engel und Heiligen haben, auf dass uns das so zu eigen sei wie ihnen, ja, in höherem Maße als mir irgendein Ding zu eigen ist. Dafür, dass ich um seinetwillen mich meiner selbst entäußere, dafür wird Gott mit allem, was er ist und zu bieten vermag, ganz und gar mein Eigen sein, ganz so mein wie sein, nicht weniger noch mehr. Tausendmal mehr wird er mein Eigen sein, als je ein Mensch ein Ding erwarb, das er in dem Kasten hat, oder er je sich selbst zu eigen wurde. Nie ward etwas einem so zu eigen, wie Gott mein sein wird mit allem, was er vermag und ist.

DW II Tr. 2, S. 423/425

Seht, der Mensch, der so *ein* Sohn ist, der nimmt Bewegung und Wirkung und alles, was er nimmt – das alles nimmt er in seinem Eigenen. Denn dass der Sohn des Vaters nach der Ewigkeit Sohn *ist*, das ist er *vom Vater* her. Was er aber *hat*, das hat er *in sich*, denn er ist eins mit dem Vater nach dem Sein und nach der Natur. Darum hat er Sein und Seinsweise ganz in sich, und so spricht er: ‚Vater, wie ich und du eins sind, so will ich, dass sie eins seien‘ [Joh. 17,11/21]. Und so, wie der Sohn eins ist mit dem Vater nach Sein und nach Natur, so bist du eins mit ihm nach Sein und nach Natur und hast es alles in dir, wie es der Vater in sich hat; du hast es von Gott nicht zu *Lehen*, denn Gott ist dein *Eigen*. Und folglich: Alles, was du nimmst, das nimmst du aus deinem Eigenen; und welche Werke du nicht in deinem Eigenen nimmst, *die* Werke sind alle *tot* vor Gott. Das sind die Werke, zu denen du durch fremde Ursachen *außerhalb deiner* bewegt wirst, denn sie kommen nicht aus dem *Leben:* Darum sind sie tot; denn [nur] *das* Ding *lebt*, das Bewegung aus seinem *Eigenen* nimmt. Und so denn: Wenn des Menschen Werke *leben* sollen, so müssen sie aus seinem Eigenen genommen werden, nicht von Fremdem noch von *außerhalb* seiner, sondern *in ihm.*

DW I Pr. 46, S. 493/495

Denn dazu sind wir in die Zeit gestellt, dass wir durch vernunfterhelltes Wirken in der Zeit *Gott* näher kommen und ähnlicher werden [d. h. uns von jeglicher Bindung an die und auch von der Nähe zu den Kreaturen lösen]. Das meinte auch Sankt Paulus, als er sprach: ‚Überwindet die Zeit, die Tage sind übel' [Ephes. 5,16]. „Die Zeit überwinden" heißt, dass man ohne Unterlass in der Vernunft aufsteige in Gott, [und zwar] nicht in Unterschiedlichkeit „bildhafter" Vorstellungen, sondern in vernunftgemäßer, lebensvoller Wahrheit. Und ‚die Tage sind übel', das verstehet so: Tag weist auf Nacht hin. Gäbe es keine Nacht, so gäbe es [auch] keinen Tag und redete man auch nicht von ihm, denn [dann] wäre alles [nur] *ein* Licht; und darauf eben zielte Paulus ab, denn ein *lichtes* Leben ist gar zu geringwertig, bei dem es noch irgendwie Dunkelheit geben kann, die einem hehren Geist die ewige Seligkeit verschleiert und verschattet. Das meinte auch Christus, als er sprach: ‚Gehet [voran], solange ihr das Licht habt' [Joh. 12,35]. Denn wer da wirkt im [vollen] Licht, der steigt hinauf zu Gott, frei und bloß von allem Vermittelnden: Sein *Licht* ist sein Wirken, und sein Wirken ist sein *Licht*.

DW II Pr. 86, S. 217

Drei Dinge [insbesondere] sind in unseren Werken unerlässlich. Die sind: dass man wirke *ordentlich* und *einsichtsvoll* und *besonnen*. Das [aber] nenne ich „ordentlich", was in allen Punkten dem Höchsten entspricht. Das aber nenne ich „einsichtsvoll", über das hinaus

man zurzeit nichts Besseres kennt. Und „besonnen"
schließlich nenne ich es, wenn man in guten Werken
die lebensvolle Wahrheit mit [ihrer] beglückenden Gegenwart verspürt.

DW II Pr. 86, S. 221

20. Geschichtslose Vernunft

Niemand kann den Heiligen Geist empfangen, er woh-
ne denn über der Zeit in der Ewigkeit. In zeitlichen Dingen kann der Heilige Geist weder empfangen noch gegeben werden. Wenn der Mensch sich abkehrt von
zeitlichen Dingen und sich in sich selbst kehrt, so ge-
wahrt er [dort] ein himmlisches Licht, das vom Himmel
gekommen ist. Es ist *unter* dem Himmel und rührt doch
vom Himmel her. In diesem Lichte findet der Mensch
Genügen, und doch ist es [noch] stofflich; man sagt, es
sei Materie. Ein Stück Eisen, dessen Natur es ist, ab-
wärts zu fallen, das hebt sich aufwärts gegen seine
Natur und hängt sich an den Magnetstein infolge des
edlen Einflusses, den der Stein vom Himmel empfangen
hat. Wohin immer sich der Stein kehrt, dorthin kehrt
sich auch das Eisen. Ebenso tut's der Geist: Der lässt
sich's nicht an jenem Lichte nur genügen; er dringt im-
merzu vor durch das Firmament hindurch und dringt
durch den Himmel, bis er kommt zu dem Geiste, der
den Himmel umtreibt; und von dem Umlaufe des Himmels grünt und belaubt sich alles, was in der Welt ist.

Immer noch aber genügt's dem Geiste nicht, er dringe denn weiter vor in den Gipfel und in den Urquell, darin der Geist seinen Ursprung nimmt.

DW I Pr. 29, S. 327

21. Philosophisch leben

Nun sagt ein Meister, dass es keinen noch so törichten Menschen gibt, der nicht nach Weisheit begehre. Warum aber werden wir denn nicht weise? Da gehört viel dazu. Das Wichtigste ist, dass der Mensch durch alle Dinge hindurch- und über alle Dinge und aller Dinge Ursache hinausgehen muss, und das fängt dann an, den Menschen zu verdrießen. Infolgedessen bleibt der Mensch in seiner Beschränktheit. Wenn ich ein reicher Mensch bin, bin ich deshalb nicht [auch] schon weise; wenn mir aber das Wesen der Weisheit und deren Natur eingeformt ist und ich die Weisheit selbst bin, dann bin ich ein weiser Mensch.

DW I Pr. 10, S. 123

Wieso heißt das Meer eine „Wut"? Deshalb, weil es wütet und unruhig ist. Er ‚hieß seine Jünger aufsteigen'. Wer „das Wort" hören will und Christi Jünger sein will, der muss aufsteigen und seine Vernunft erheben über alle körperlichen Dinge und muss fahren über die „Wut" der Unbeständigkeit vergänglicher Dinge. Solan-

ge da irgendetwas an Wandelbarkeit ist, sei's Verschla-
genheit, Zorn oder Traurigkeit, so verdeckt dies die Vernunft, so dass sie „das Wort" nicht hören kann. Ein
Meister sagt: Wer natürliche Dinge verstehen soll und
[selbst] noch stoffliche Dinge, der muss seine Erkenntnis von allen anderen Dingen entblößen. Ich habe es
schon öfters gesagt: Wenn die Sonne ihren Schein aus-
gießt auf die körperlichen Dinge, so verwandelt sie das,
was sie dann zu fassen vermag, in feinen Dunst und
zieht es mit sich hinauf; vermöchte es der Schein der
Sonne, er zöge es [hinauf] in den Grund, aus dem er ausgeflossen ist. Wenn er es aber hinaufzieht in die Luft
und es dann an sich selbst ausgedehnt und warm ist
durch die Sonne und es dann hinaufklimmt bis zu der
Kälte[-Region], dann erfährt es infolge der Kälte einen
Rückschlag und wird als Regen oder Schnee nieder-
geschlagen. So ist es mit dem Heiligen Geist: Er erhebt
die Seele hinauf und erhebt und zieht sie mit sich hinauf,
und wäre sie bereit, er zöge sie in den Grund, aus dem er
ausgeflossen ist. So kommt es, wenn der Heilige Geist in
der Seele ist: Dann klimmt sie hinauf, denn er zieht sie
dann mit sich. Wenn aber der Heilige Geist von der Seele abfällt, dann sinkt sie nieder, denn was von Erde ist,
das sinkt nieder; was aber von Feuer ist, das wirbelt aufwärts. Darum muss der Mensch unter die Füße getreten
haben alle Dinge, die irdisch sind, und alles, was die Erkenntnis verdecken kann, auf dass da nichts bleibe als
nur, was der Erkenntnis gleich ist. Wirkt sie [nur] noch
in der Erkenntnis, so ist sie der gleich.

DW I Pr. 23, S. 267

LITERATUREMPFEHLUNGEN

Flasch, Kurt: Meister Eckhart. Die Geburt der „Deutschen Mystik" aus dem Geist der arabischen Philosophie, München 2006.

Mieth, Dietmar: Die Einheit von vita activa und vita contemplativa in den deutschen Predigten und Traktaten Meister Eckharts und bei Johannes Tauler, Regensburg 1969.

Ruh, Kurt: Meister Eckhart. Theologe – Prediger – Mystiker, München 1985.

Ruh, Kurt: Geschichte der abendländischen Mystik, Band III. Die Mystik des deutschen Predigerordens und ihre Grundlegung durch die Hochscholastik, München 1996.

Steer, Georg / Sturlese, Loris: Lectura Eckhardi I und II. Predigten Meister Eckharts von Fachgelehrten gelesen und gedeutet, Stuttgart 1998 und 2003.

Sturlese, Loris: Homo divinus. Philosophische Projekte in Deutschland zwischen Meister Eckhart und Heinrich Seuse, Stuttgart 2007.

Winkler, Norbert: Meister Eckhart zur Einführung, Hamburg 1997.

ÜBER DEN HERAUSGEBER

© privat

THOMAS POLEDNITSCHEK

Geb. 1953, Studium der Katholischen Theologie, Philosophie und Psychologie in Bonn, Münster und München, 1987 Promotion in Katholischer Theologie (bei Johann Baptist Metz, Münster). Philosophischer Praktiker und Psychologischer Psychotherapeut, seit 1984 in eigener Praxis in Münster tätig, Vortragstätigkeit und Seminarveranstaltungen zu philosophischen Themen. Autor des Buches „Diagnose Politikmüdigkeit. Die Psychologie des nicht vermissten Gottes", Berlin 2003; seit 2003 im Vorstand der Internationalen Gesellschaft für Philosophische Praxis (IGPP). www.pppolednitschek.de

© Verlag Herder GmbH, Freiburg im Breisgau 2010
Alle Rechte vorbehalten
www.herder.de

Umschlagmotiv: © Ruth Sorenson / gettyimages

Umschlaggestaltung:
Weiß-Freiburg GmbH – Graphik & Buchgestaltung
Satz: Barbara Herrmann, Freiburg
Herstellung: CPI Moravia Books, Pohorelice

Gedruckt auf umweltfreundlichem, chlorfrei gebleichtem Papier
Printed in the Czech Republic

ISBN 978-3-451-32311-9